覃艳梅◎著

中学图书馆管理工作实践与创新研究

吉林人民出版社

图书在版编目(CIP)数据

中学图书馆管理工作实践与创新研究 / 覃艳梅著. -- 长春：吉林人民出版社，2023.5
ISBN 978-7-206-20008-3

Ⅰ.①中… Ⅱ.①覃… Ⅲ.①中学图书馆－图书馆管理－研究 Ⅳ.① G258.69

中国国家版本馆 CIP 数据核字 (2023) 第 130385 号

中学图书馆管理工作实践与创新研究
ZHONGXUE TUSHUGUAN GUANLI GONGZUO SHIJIAN YU CHUANGXIN YANJIU

著　　　者：覃艳梅	
责任编辑：王　丹	封面设计：李　君

吉林人民出版社出版 发行（长春市人民大街 7548 号） 邮政编码：130022

印　　刷：河北万卷印刷有限公司
开　　本：710mm×1000mm　　1/16
印　　张：12.75　　　　　　　　　　字　　数：220 千字
标准书号：ISBN 978-7-206-20008-3
版　　次：2023 年 5 月第 1 版　　　印　　次：2023 年 5 月第 1 次印刷
定　　价：78.00 元

如发现印装质量问题，影响阅读，请与出版社联系调换。

前　言

从古至今，图书馆都与教育存在着密不可分的关系。从某种角度来看，图书馆是伴随着教育的发展而不断发展的。现如今，随着教育装备的不断优化、升级，图书馆馆藏的内容变得更加丰富，形式变得更加多样，管理手段日趋现代化、自动化，使图书馆建设面临着巨大的机遇与挑战。

中学图书馆作为中学的文献资料信息中心，既是实施素质教育、陶冶情操、传承文明的平台，又是培养学生创新精神、实践能力的第二课堂；既是加强未成年人思想道德建设的阵地，又是校园文化建设中不可或缺的一部分。因此，加强中学图书馆建设，进一步提升中学图书馆的管理水平也变得更加重要。

信息时代的到来，大数据的发展，都为中学图书馆事业的发展注入了新的活力。我们应该牢牢把握这一机会，使中学图书馆真正成为为学校教育、教学、教研工作服务的资源中心，并通过为学校教育、教学、教研工作提供专业化的文献信息服务，提升教师的教学、教研能力，形成良好的教学、教研氛围，最终达到提升学校教育、教学质量的目的。

本书共八章，第一章为概述，详细介绍了图书馆的性质、构成要素、类型，以及中学图书馆的任务、作用等；第二章至第四章从馆藏文献信息的角度，揭示了中学图书馆的藏书建设工作、文献资源管理工作，以及文献信息检索与利用工作，其中，包括藏书的结构与原则、文献的特征与种类、文献信息检索基础知识等；第五章为中学图书馆读者工作，阐述了中学图书馆读者工作的内容、作用、主要形式等；第六章从时间、环境、设备三个方面，进一步指出了中学图书馆各项管理工作的内容与方法；第七章为中学图书馆的工作者管理，点明了中学图书馆工作者应具备的基本素质与能力及配备和发展方向；第八章立足于创新，论述了中学图书馆管理工作应具备的创新观念、创新思路、创新途径，以及创新方法。

  本书在撰写过程中参考了相关学者的著作与论述，从中受到了启迪，特向他们表达诚挚的敬意。由于笔者的知识与经验有限，书中难免有疏漏之处，望广大读者批评、斧正！

目 录

第一章 概述 ………………………………………………………………… 001

    第一节 图书馆的性质、构成要素、类型 ……………………… 001

    第二节 中学图书馆的任务 ……………………………………… 010

    第三节 中学图书馆的作用 ……………………………………… 012

    第四节 中学图书馆工作的流程 ………………………………… 015

    第五节 中学图书馆管理的基本原理 …………………………… 017

第二章 中学图书馆的藏书建设工作 ……………………………………… 023

    第一节 中学图书馆藏书的结构与原则 ………………………… 023

    第二节 中学图书馆藏书的补充、验收与登记 ………………… 027

    第三节 中学图书馆馆藏的组织与管理 ………………………… 031

    第四节 中学图书馆馆藏文献编目 ……………………………… 036

第三章 中学图书馆的文献资源管理工作 ………………………………… 054

    第一节 文献的特征与种类 ……………………………………… 054

    第二节 中学图书馆文献资源馆藏体系 ………………………… 056

    第三节 中学图书馆文献资源的分类 …………………………… 059

    第四节 中学图书馆文献资源的共享 …………………………… 071

第四章 中学图书馆的文献信息检索与利用 ……………………………… 075

    第一节 文献信息检索基础知识 ………………………………… 075

第二节　常用参考工具书的检索与利用·······086
第三节　电子信息的检索与利用·······092
第四节　网络信息的检索与利用·······096

第五章　中学图书馆读者工作·······104

第一节　读者工作简述·······104
第二节　中学图书馆的读者组织与研究工作·······107
第三节　中学图书馆读者工作的主要形式·······109
第四节　阅读指导与读书活动·······120
第五节　读者工作的统计与规章制度·······129
第六节　读者教育·······133

第六章　中学图书馆的时间、环境、设备的管理工作·······139

第一节　中学图书馆的时间管理工作·······139
第二节　中学图书馆的环境管理工作·······150
第三节　中学图书馆的设备管理工作·······160

第七章　中学图书馆的工作者管理·······165

第一节　中学图书馆工作者的基本素质与能力·······165
第二节　中学图书馆工作者的配备·······169
第三节　中学图书馆工作者的发展·······170

第八章　中学图书馆管理工作的创新发展·······178

第一节　中学图书馆管理工作的创新观念·······178
第二节　中学图书馆管理工作的创新思路·······181
第三节　中学图书馆管理工作的创新途径·······183
第四节　中学图书馆管理工作的创新方法·······191

参考文献·······194

第一章 概述

人类社会在漫长的发展过程中，为了促进文化传承，加强人与人之间的信息交流，产生了一系列组织、协调、控制、管理信息的机构，图书馆就是人类社会发展到一定程度后而诞生的重要机构。

图书馆因社会需要而诞生，所以它也将随着社会的持续发展而不断变化。

第一节 图书馆的性质、构成要素、类型

在分析中学图书馆管理工作前，我们需要对图书馆本身有一定的了解，下面将围绕图书馆的性质、构成要素、类型展开论述。

一、图书馆的性质

图书馆是一种对凝结着人类智慧的文献信息、文化财富进行收集、整理、加工、组织、储存、开发及传递，并为人类社会提供科学文化教育与信息服务的社会机构。它以储藏的文献信息为媒介，以传递为手段，传承并发展了人类的智慧结晶，架起了知识信息与读者之间的桥梁，发挥着信息交流的重要作用。图书馆的性质可分为以下两种。

（一）本质属性

图书馆的本质属性是藏用性。藏用性指的是图书馆对各类文献收藏与利用的过程，也是知识信息传递与文献汇集的过程。

收藏文献与利用文献贯穿了图书馆工作的始终。图书馆不断收藏各类文

献,并利用这些文献将知识信息传播给读者,进而推动整个社会文明的进步。与此同时,藏用性也能促进图书馆其他属性的增强,是图书馆持续发展的重要基础。

(二)一般属性

图书馆的一般属性主要包括社会性、学术性、教育性,以及服务性(如图1-1所示)。

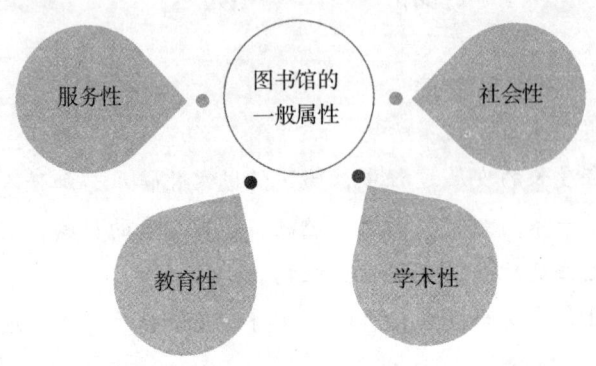

图 1-1 图书馆的一般属性

1. 社会性

作为一个为大众提供各种文献信息的社会机构,图书馆在其自身漫长的发展过程中呈现出不同社会形态的特点,具有显著的社会性。这种社会性主要体现在以下几个方面。

其一,图书馆并非自然形成的,而是在人类社会诞生后,人们在实践活动中因共同的需求而创造出来的。图书馆在满足人类需求的同时,还需要具有一定的物质条件,这也使得它自诞生起就拥有人类社会的印记,并能伴随社会发展在不同的社会阶段表现出不同的形态特点。图书馆与人类社会的关系非常密切,它涉及人类社会的经济、政治、文化、科技等诸多领域。

其二,图书馆的读者具有社会性。图书馆在诞生之初,读者十分有限。后来,随着图书馆职能的扩展,其读者群体也变得越来越庞大。特别是各级公共图书馆,主要向各行业、各阶层提供公共服务。

其三,图书馆收藏的文献具有社会性。图书馆文献属于一种能够记录各种自然、社会信息与知识的综合性文化资源,具有丰富的储存形式,如符号、声音、图像、文字等。通过图书馆,人类的知识可以得到更好的传承与发展,各类信息也能得到广泛的应用与传递,进而为人类社会创造更多的物质财富与精神财富。

其四,图书馆事业与图书馆工作具有社会性。图书馆事业本身就属于一项社会事业,图书馆的成功发展离不开社会上各部门的共同努力。图书馆工作的社会性主要体现在资源共享的社会化趋势上。现代科学研究的重大课题通常都具有国家规模、综合性等特点,它要求广泛组织文献信息资源,实现区域、行业、国家,乃至国与国之间的信息资源共享。

此外,互联网、计算机等先进技术和设备也为图书馆的网络化、社会化提供了重要条件,并在极大程度上推动了图书馆事业组织网络化,以及文献信息资源共享社会化的发展。

2. 学术性

图书馆的学术性主要体现在两个方面。一方面,图书馆是科研系统中的一个子系统,社会科学、自然科学等研究都离不开图书馆文献资料记载的、人类通过长时间实践活动积累的经验与知识,因此图书馆工作是科学研究不可或缺的一部分,它为科学研究提供了必要的前提条件,这一点在专业图书馆中表现得更加充分。另一方面,图书馆工作本身就是一项科学研究活动。其工作对象主要有文献、读者等要素,其中,文献是人类宝贵的精神财富,读者是具有一定文化水平的人,且其中大部分都从事精神产品生产工作,因此,图书馆的工作水平将对文献处理的科学性,以及为读者服务的水平产生直接影响。如今,图书馆已经实现了网络化、计算机化,这也要求图书馆工作人员应该不断提升自身的科研水平,从学术角度探讨管理、使用、维护图书馆现代化设备的方法。未来图书馆的发展,以及传统图书馆的命运,都是人类社会要面临的学术性极强的课题,需要图书馆从业人员不断探索、研究。

3. 教育性

图书馆的教育性主要表现为它可以通过传递知识信息的方式,对所有具有利用图书馆能力的读者起到一定的教育作用。从教育对象来看,图书馆的读者涉及各阶层,具有广泛性;从教育内容来看,图书馆收藏的文献资料囊括了各知识领域;从形式来看,图书馆主要通过馆内收藏的各种文献向读者传播知识。因此,我们可以将图书馆视为社会教育的重要场所,以及课堂教育的有效补充。

图书馆是科学文化教育的重要平台,读者可以在图书馆通过查阅各种文献资料来获取丰富的知识,提升自身文化水平;图书馆是思想政治教育的阵地,在这里,读者可以接触到马克思列宁主义、毛泽东思想、中国特色社会主义理论等,形成正确的政治思想观念。此外,图书馆教育也是一种社会教育,它有利于提升全体人民的知识水平和文化水平。图书馆的这种教育性质,即便是在未来的信息社会也依然会存在。

4. 服务性

图书馆在知识的利用与知识的生产之间发挥着重要的纽带作用,这种纽带作用体现了图书馆作为社会知识交流系统中的一个环节具有的中介性与服务性。事实上,图书馆本身不创造文献,收集、整理、加工各种文献是其为读者提供服务的重要条件与物质基础,其主要目的在于使文献的作用得到最大限度上的发挥,进而更好地满足读者的需求。

二、图书馆的构成要素

随着图书馆的不断发展,人们对其构成要素的思考也变得越来越深入,由一开始的"三要素"(图书、设备、读者)、"四要素"(图书、设备、读者、方法),发展为现在的"五要素",即文献信息资源、设备与建筑、用户、技术方法及工作人员(如图1-2所示)。

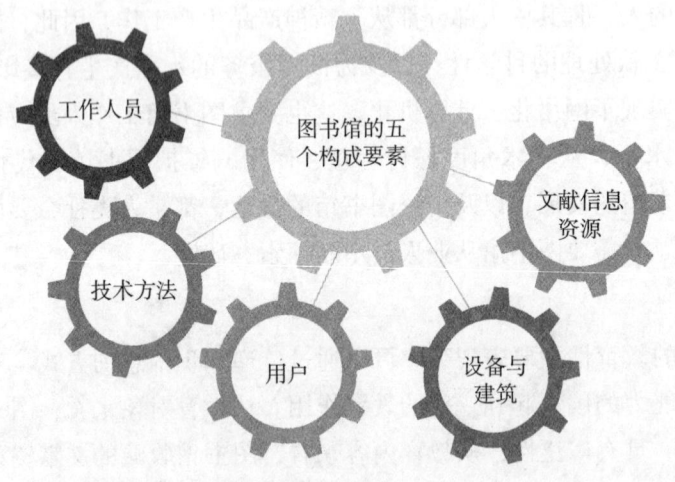

图1-2 图书馆的五个构成要素

（一）文献信息资源

文献信息资源是图书馆赖以生存的重要物质基础，如果没有文献信息资源，图书馆的各项工作将无法正常开展。一般而言，图书馆的文献信息资源主要有纸质的图书、期刊等文献，多媒体信息，各种数据，以及计算机可读信息库等。

（二）设备与建筑

设备与建筑是图书馆最基本的物质条件。它们要与图书馆服务功能的要求、文献信息的情况相适应，否则便会影响图书馆工作的正常开展，使图书馆的社会功能无法得到充分发挥。

（三）用户

图书馆的用户，即读者，是图书馆的服务对象。图书馆的用户包括个人、集体等一切具有利用图书馆条件的社会成员。这些成员有着不同的知识结构、职业、性别、年龄，对文献资源的需求及服务的方式也是不同的。图书馆工作中非常重要的一项就是服务用户、研究用户、发展用户。用户的存在与需求不仅是图书馆不断取得发展的动力源泉，还是决定图书馆工作价值的重要因素。对图书馆而言，用户的文献信息需求是其存在与发展的根据。图书馆不断完善技术条件，提升管理水平和服务水平的主要目的，便是更好地服务用户，满足其文献信息需求。

（四）技术方法

技术方法是完成图书馆工作的重要手段。图书馆的功能能否正常发挥，主要取决于工作人员能否掌握正确的技术方法。作为社会知识信息的重要交流工具，图书馆需要通过各种技术方法维持自身的存在。信息技术的不断发展是图书馆取得进步的必要前提。

（五）工作人员

图书馆工作人员主要指的是馆内各项活动的管理者与组织者。他们在文献信息与读者之间发挥着重要的枢纽作用，是文献信息实现内在价值的关键一环。此外，图书馆工作人员的道德修养、业务能力、服务水平也在很大程度上影响着图书馆社会功能的大小、图书馆工作质量的好坏。

文献信息资源、设备与建筑、用户、技术方法，以及工作人员这五个要素之间彼此影响、相互结合，共同构成了图书馆这个不断发展的有机体。在这五个要素中，对图书馆影响比较大的是工作人员，因为图书馆的社会价值与效益都需要通过工作人员才能实现。因此，充分发挥工作人员的管理、组织作用，以大量、丰富的文献资料为物质基础，以不同需求的用户为服务对象，以先进的技术方法为手段，向用户提供良好的、必要的信息检索设备等，便构成了现代图书馆的理想发展模式。

三、图书馆的类型

随着图书馆事业的不断发展和人们信息需求的不断变化，图书馆的类型也变得越来越丰富。不同类型的图书馆，其服务对象、馆藏范围、服务方式及具体任务也不相同。图书馆从不同的角度来划分，可以形成许多不同的分类标准，而采用不同的分类标准又会产生不同的分类结果。下面介绍几种常见的图书馆分类标准及类型（如图1-3所示）。

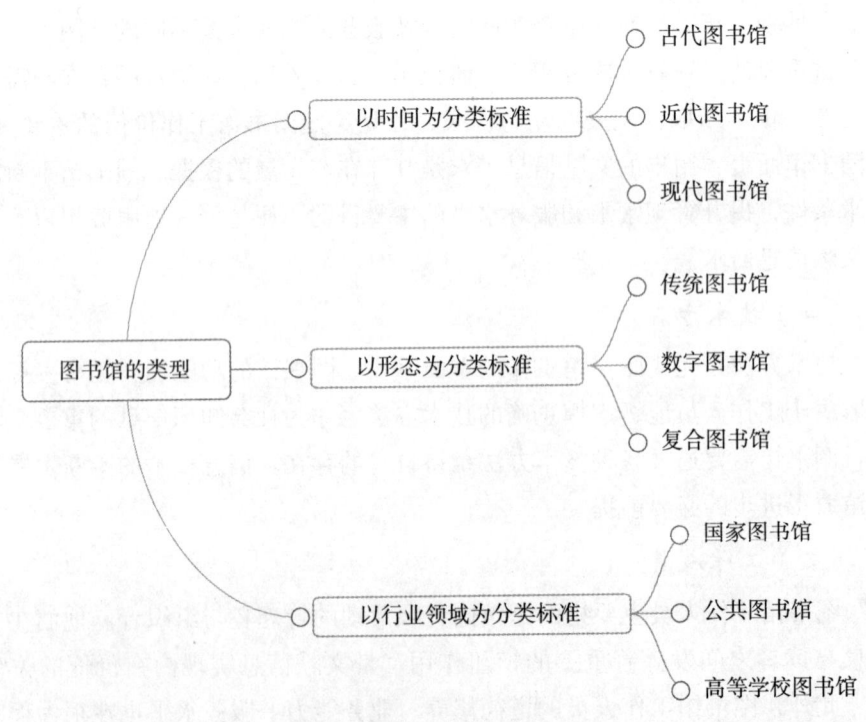

图1-3　图书馆的类型

（一）以时间为分类标准

以时间为分类标准，图书馆可分为第一代图书馆、第二代图书馆及第三代图书馆，它们分别指的是古代图书馆、近代图书馆及现代图书馆。古代图书馆向近代图书馆过渡的主要标志为公共图书馆的出现，这也代表着图书馆的社会功能从"收藏机构"逐渐转变为"服务机构"。古代图书馆注重文献信息的收藏；近代图书馆对外开放，注重文献信息的利用。现代图书馆的出现则以服务理念的转变为标志。为了进一步迎合网络时代不断变化的信息需求，图书馆改变了原本的信息资源储存、利用、传递模式，从原本的被动状态中解脱出来，主动向用户提供信息发布、阅读推送等服务，对传统的图书馆服务形象进行了升级。

（二）以形态为分类标准

以形态为分类标准，图书馆可分为传统图书馆、数字图书馆及复合图书馆。

1.传统图书馆

传统图书馆指的是一种拥有固定馆舍、丰富馆藏，由图书管理员进行管理并提供文献信息服务的机构。

2.数字图书馆

数字图书馆诞生于信息时代，从广义上来看，数字图书馆是一种使用起来非常方便的信息储存与服务系统，它可以打破时空的限制，以网络化、数字化的形式对处于各地理位置、载体不同的信息资源进行储存、利用、连接，以此来实现资源共享。与之前的图书馆相比，数字图书馆具有资源丰富、规模大，可以无限延伸、拓展等诸多优势。它在实现信息资源数字化的同时，还凭借独特的服务形式与传播途径帮助用户在任何时间、任何地点获取所需的信息资源。

3.复合图书馆

复合图书馆的主要目标是对传统图书馆内的文献信息资源与数字图书馆内的文献信息资源进行集中管理，并开发出与之匹配的服务机制与界面。它是一种介于实体图书馆与虚拟图书馆之间的全新模式，有着其自身独特的服务功能、运行规律，以及管理制度。

（三）以行业领域为分类标准

在我国，行业领域也是对图书馆进行分类的标准之一。一般情况下，以行业领域为分类标准，图书馆可分为国家图书馆、公共图书馆、高等学校图书馆。

1. 国家图书馆

（1）概念。国家图书馆指的是依照法律或其他安排，贮藏图书或对国内所有重要出版物的复本进行保管、搜集的图书馆。对国家而言，国家图书馆肩负着国家总书库的职能，是国家图书事业的核心，它能在很大程度上反映出一个国家图书馆事业的发展水平。

（2）职能。国家图书馆的职能主要包含以下几个。

第一，编印国家书目，发行统一编目卡片，编制联合目录与回溯性目录，借助网络手段完成远程合作编目，使国家书目中心作用得到充分发挥。

第二，妥善保管并系统、完整地搜集本国文献，肩负起国家总书库的重要使命。

第三，搜集、编译国外图书资料，组织学术研讨，促进全国图书馆的进一步发展。

第四，从本国研究、教学的实际情况出发，有针对性地选购部分国外出版物，丰富馆内的文献贮藏。

第五，组织图书馆馆内现代技术设备的研究、试验、应用及推广等工作，完成设计、组织、协调工作，大力推动图书馆现代化的发展。

第六，代表本国的图书馆及众多馆内用户，加入国际图书馆组织；与国际图书馆保持密切的交流与合作；严格履行国家对外文化协定中关于开展国际书刊交换与国际互借工作的规定。

第七，开展科学信息服务，为科学研究提供必要的服务。

（3）世界五大国家图书馆。世界五大国家图书馆分别是中国国家图书馆、法国国家图书馆、英国国家图书馆、俄罗斯国家图书馆，以及美国国家图书馆。

2. 公共图书馆

（1）概念。在国际上，公共图书馆指的是那些免费或只收取少量费用，为某一群体或区域的读者提供公共服务的图书馆。它们的服务对象既可以是一般群体，又可以是军人、工人、医院患者等某一类读者。公共图书馆由国家中央或地方政府出资建立，免费为社会公众提供服务。

在我国，公共图书馆指的是由国家或群众出资建立，免费向大众提供服务，严格遵守行政区划设置并受政府部门领导的图书馆，其中包含国家图书馆、省（自治区、直辖市）图书馆、县（区）图书馆、乡镇图书馆、街道图书馆等。

（2）社会职能。公共图书馆需要履行的社会职能主要为以下四个方面：第一，开发智力资源；第二，开展社会教育；第三，保存人类文化遗产；第四，传递科学信息。

（3）特征。作为一个培养智慧、普及精神文明的重要部门，公共图书馆具有以下三点基本特征：第一，公共图书馆的设立、经营，以及各项工作的开展，都必须遵照相应的法律法规；第二，经费主要来源于当地行政机构的税收；第三，面向所有居民。我国的公共图书馆在为大众、科研提供服务的同时，也为国家文化、经济、教育、科学事业，以及全民族科学文化水平的提升做出了重大贡献。

（4）中国三大公共图书馆。我国三大公共图书馆分别是中国国家图书馆、南京图书馆、上海图书馆。

3.高等学校图书馆

（1）概念。高等学校图书馆指的是主要为大学及其他第三级教学单位的教师与学生提供服务的图书馆。这类图书馆是学校的信息资料中心。文献信息工作是高等学校科研工作、教学工作的基本条件。高等学校图书馆是我国图书馆类型中的一种，在我国图书馆事业中发挥着至关重要的作用。

（2）职能。高等学校图书馆的职能主要包括信息教育的职能，全面素质教育的职能，专业教育的职能，思想品德教育的职能等。

（3）性质与特征。高等学校图书馆是一种为科研、教学提供服务的学术性机构，服务性与学术性是其最基本的特征。对高校而言，想要获得高水平的科研成果、培养出符合时代发展要求的高质量人才，就必须以高质量的文献信息资料工作为前提。因此，高等学校图书馆工作是高校科研、教学发展的重要条件。高等学校图书馆以教师、学生为主要服务对象，在学校专业设置、教学计划等多种影响因素的共同作用下，读者在馆藏方面的需求表现为两大特征：其一，用书需求在品种、时间上的集中性；其二，文献资料需求的稳定性。

（4）中国重点大学图书馆。中国是一个历史悠久、文化底蕴深厚的国家，在长时间的历史发展进程中，形成了许多馆藏丰富的重点大学图书馆，如北京大学图书馆、复旦大学图书馆、清华大学图书馆、北京师范大学图书馆、南京大学图书馆等，它们为我国图书馆事业贡献了重要力量。

第二节　中学图书馆的任务

中学图书馆指的是由政府、企事业单位、社会团体、公民个人等依法创办的全日制中学图书馆。其主要服务对象为中学的教师与学生。

中学图书馆的任务可分为基本任务、核心任务、必要任务、重要任务，以及拓展任务（如图1-4所示）。

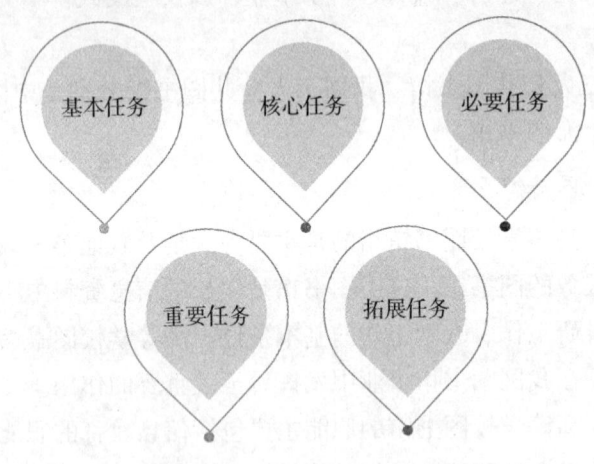

图1-4　中学图书馆的任务

一、中学图书馆的基本任务

（一）结合学校实际情况，搜集相关图书资料

中学与小学、大学在教学要求、学生年龄等方面存在着较大差异，这也导致了各级、各类学校对图书产生了不同的需求，因此中学图书馆在搜集、采购图书资料时，应充分结合本校的教学内容与具体需求。

图书资料的配备应兼顾各学科教师与学生的不同需求。搜集的图书资料包括教育、教学理论著作，各学科的工具书，以及各类有益于学生身心健康发展的图书。

此外，中学图书馆在搜集图书资料的过程中还应注意保持图书资料的完整性与连续性，努力实现复本适量、种类丰富。

（二）以实用、规范为基本原则，科学整理文献资料

中学图书馆应该对搜集到的资料进行科学的整理，使其按照知识的原有结构形成系统性的馆藏文献体系。这就需要开展图书编目、图书分类、图书登录，以及各种目录的组织工作。

传统中学图书馆的目录通常以卡片为主要存在形式。随着科技的发展，如今大部分的中学图书馆都开始利用计算机管理系统来完成图书编目、采购等工作，通过电脑便可直接检索图书、查看目录。

图书馆的目录著录应该严格遵守国家标准。为了方便工作人员管理图书，以及读者查阅图书，中学图书馆大都会采用分类排架法组织藏书。

此外，为了保证图书的有效性与完整性，图书馆应定期对藏书进行清点、剔旧、维护、装订等工作。

二、中学图书馆的核心任务

中学图书馆的核心任务是开展图书借阅工作，有效提升图书的利用率。对此，中学图书馆可采取外借、推荐、宣传、阅览等多种形式提供服务。如果条件允许的话，那么中学图书馆还可以通过开设专类书架（必读书目专架、绿色环保类书架等）为教师和学生提供借阅服务。对于学生，除了阅览、外借的服务方式之外，中学图书馆还可以采取在班级开设图书角或班级集体借书等方式为其借阅提供便利；对于教师，中学图书馆则主要通过开架借阅的方式方便其查阅书刊。

在开展借阅工作的同时，中学图书馆还应向读者进行图书馆知识、文献知识、检索知识的教育，介绍各种工具书的使用方法、图书馆的布局等，帮助读者提升检索文献、利用图书馆的能力。

三、中学图书馆的必要任务

中学图书馆的必要任务是广泛调查，提升为教师服务的工作水平。中学图书馆应该借助各种途径与方法，强化与教师间的交流和沟通，充分了解其内在需求，为其提供相应的服务，并与教师合作，共同完成各种课题研究等。通过为教师提供定题跟踪、代查代检等服务，中学图书馆向其传递科研、教学、教育方面的最新信息，推荐科研、教学所需的图书资料，帮助教师解答各类问题等。

四、中学图书馆的重要任务

中学图书馆的重要任务是与各学科教师配合，对学生进行阅读指导。中学图书馆需要与各学科教师进行配合，通过各种形式的阅读活动对学生进行必要的阅读指导。中学图书馆的阅读指导包含两个方面，一方面是阅读内容的指导，即经常向学生推荐好书、新书、各科参考书目，以及对其身心健康发展有益的图书；另一方面是在读书卫生知识、读书方法上给予学生正确的指导。

五、中学图书馆的拓展任务

中学图书馆的拓展任务是积极开展交流与协作活动。中学图书馆应积极争取各级、各类图书馆的业务支持与辅导，增强与其他图书馆之间的交流和沟通；在积极参与本区域图书馆协作组织的同时，不断开展学术交流、干部培训、工作经验交流、馆际互借等协作活动。

第三节　中学图书馆的作用

中学图书馆在中学教育体系中起着至关重要的作用，这种作用主要体现在以下四个方面。

一、革新学习方式，培养学生自主学习的意识

学生在学习知识时，不应处于被动接受的状态，而应充分发挥主观能动性，进行自主构建。科学的知识观不再强调原理、知识的简单接受，而更注重程序性知识的自主构建。与之相符，知识的获得也更加强调学习过程的优化，以及学习主体的自主探究。

中学图书馆在这方面的作用与学科教学不同，它的优势主要体现在促进学习主体的合作交流、独立思考，以及自主选择方面。

在中学图书馆中，学生拥有较为广泛的选择空间，他们既可以带着疑问或针对某个课题自主搜集、选择相关资料；也可以结合自身的不足之处，选择能够弥补薄弱部分的图书资料有针对性地学习；还可以从自身的兴趣出发，选择自己喜欢的图书进行阅读。

中学图书馆可充分利用现有的馆内藏书，向学生推荐适合其阅读的书目，介绍图书的检索方法，并给予其适当的阅读指导，在提升图书资源利用率的同时，使学生学会自主利用图书获取知识，进行更有效率的阅读，并为其日后的终身学习奠定重要基础。

二、提供学术支持，帮助教师提升专业水平

学校要想提升育人的质量，就需要以提升本校教师的素质为重点，而教师素质提升的关键，就在于以教育科研促进专业成长。中学图书馆的作用之一便是在课题研究、日常教学等方面为教师提供有效帮助。

随着教育事业的不断发展，现代教育对教师提出了更高的要求，即教师不仅要完成好教书育人的重要任务，还要努力向学者转变。如今，信息时代已经来临，知识正以一种十分惊人的速度在不断更新着，为了跟上社会发展的脚步，满足教学的需求，教师必须不断吸收各种新的知识。对此，教师需要阅读大量资料，以丰富教学经验，扩展知识面，丰富教学内容。

首先，教师只有在掌握大量知识的基础上，才能向学生传授更多、更生动的知识，更好地激发学生的学习兴趣。而图书馆便是教师备课的重要场所，馆内长时间积累的各种文献资料可以为教师提供新信息、新知识、新资料，帮助其扩展知识面，增加知识储备。

其次，教师自身素质水平的提升离不开校内图书馆的文献资料。随着科学技术的不断发展，教师要想保持较高的文化知识水平，就需要不断进行学习、深造。对于在职教师来说，由于进修的机会有限，他们最主要的学习方式便是自学。而获取自学资料最方便的途径便是到学校图书馆借阅。中学图书馆可以按照学科的教学需求，从各种报刊上搜集资料，并结合课程进度编成书目索引，通过二次文献的形式将参考资料传递给教师。这种方式为教师的教学工作提供了很大的助力。

部分中学的图书馆还会结合教师的科研、教学需求，定期开展定题跟踪服务，尽可能满足本校教师在参考资料方面的需求。比如，当校内的数学教师想要进行应用题专题研究时，本校图书馆便会从书刊资料中搜索与数学应用题相关的文献资料提供给这位教师。此外，有很多中学图书馆为了给本校教师提供更多的教学参考资料，会与其他中学的图书馆建立合作关系，互相交换教学资料。在得到交换资料（包括教学动态、试卷、复习题等）后，他们会对其进行

中学图书馆管理工作实践与创新研究

分门别类的整理并装订成册，以供教师了解教学信息，补充教学内容，组织考试、复习等。不仅如此，中学图书馆还会为教师配备各种教学工具书、参考资料、教学杂志，向其提供检索工具，传递科学知识。中学图书馆的这种系统、科学的供应与搜集工作在极大程度上保证了学校的教学质量。

三、增强精神熏陶，推动校园文化建设

中学图书馆是促进中学生在心理素质、道德情操、人文素养、思想行为等方面健康发展的一股不可或缺的力量。

中学图书馆内收藏的许多优秀图书资料，可以对学生产生潜移默化的教育作用。对此，学校图书馆应该从自身的校园文化建设需求出发，充分发挥馆藏优势，积极组织阅读活动，采用论坛、征文等形式，引导学生参与阅读，丰富自身知识储备，勇于发表自身看法。例如，中学图书馆通过组织著名科学家、英雄人物、革命领袖的成长道路与英勇事迹等相关题材图书的阅读活动，能帮助学生树立正确的人生观、世界观、价值观。又如，中学图书馆利用春节、清明节、中秋节、重阳节等节日，召开专题演讲、读书活动，这样不仅能帮助学生提升阅读积累量，还能使其了解节日的由来，受到节日文化的熏陶。

课堂教学能让学生对道德产生条理化的认知，而书籍则蕴含着歌颂善良美好、鞭挞邪恶丑陋的主题思想，具有鲜明的情感色彩及极强的艺术感染力，可以引起学生的情感共鸣，帮助其形成分辨善恶、美丑的能力。中学图书馆可以通过举办专题读书活动，向学生推荐一些与主题相符的图书，供学生选择、阅读。比如，学校可以"我的家乡"为主题，开展征文活动，并借此机会向学生推荐一批介绍当地的地理、历史，以及记录家乡发展变化的图书作为参考，增强学生对家乡地理风貌、人文风情、历史文化的认知与了解，使其在感受家乡巨大发展变化的同时，学会珍惜当下的生活，更加热爱自己的家乡与祖国。

中学图书馆通过组织开展形式多样的读书活动（如利用宣传栏、黑板报等向学生推荐新书、好书、必读书目，举办征文活动），将趣味性与教育性融为一体，不仅在潜移默化中增强了对学生的精神熏陶，还有力地推动了本校的校园文化建设。

四、丰富课程资源，促进学生的全面发展

在现代课程理论中，课程不只是教学论下的学科，也不再被狭义地定义成

课本或教材。课程应该是一个教师与学生进行互动的过程。学校图书馆不仅是学科教学的辅助、配合场所，而且因为它本身就是一个课程交流库，在促进学生全面发展，开发实践性、研究性课程方面，发挥着重要的作用。

中学图书馆需要结合本校的教学内容、教学计划，有针对性地为教师、学生搜集图书资料与课外读物。在中学图书馆的众多藏书中，除了专供教师使用的图书资料外，其余的大部分图书都要与当代中学生的兴趣爱好与阅读水平相符。选购的图书不仅要配合学科课程，实现知识的拓展，还要通俗易懂，具有一定的趣味性，只有这样才能激发学生的阅读兴趣，促进教学质量的提升。对学生而言，他们获取知识的途径主要有两种：一种是课堂学习，另一种是图书馆学习。其中，课堂学习会受到教学时间、教材内容的限制；而图书馆学习无论什么时间、什么地点都可以进行，学生也可结合自身喜好、学习需求自主选择学习内容。

中学图书馆在辅助教学、配合课程方面，不仅要为学生提供必要的服务，也要兼顾对教师的服务工作。中学图书馆在采购新书或配合课程向学生推荐阅读书目时，需要征求学科教师的意见，从已购买的新书中选择对课程有帮助的图书，推荐给授课教师，再由授课教师筛选后推荐给学生。

第四节　中学图书馆工作的流程

中学图书馆工作的流程主要包括文献资源建设、文献资源加工、读者研究与服务，以及藏书组织与管理。

一、中学图书馆文献资源建设

中学图书馆需要结合教师、学生对文献资源的需要，以及本馆的实际情况，确定藏书的范围，并通过各种渠道采购藏书。中学图书馆文献资源建设的工作主要包括以下两个方面。

（一）藏书的采购

藏书的采购也叫作"文献补充"，采购的方式主要有购入与非购入两种。作为藏书资源建设中的第一个环节，藏书采购工作的质量将会对馆内藏书的质量产生直接影响。

（二）藏书的验收与登记

文献资料进入图书馆后，需要及时进行验收并在文献上加盖馆藏章，以此表明该文献归本图书馆所有。无论是什么类型的文献，一旦被图书馆收藏，就都需要进行登记。登记的方式可分为个别登记与总括登记两种。登记工作可以更完整地记录馆内收藏的文献种类、数目等，形成详细、准确的统计资料，让后续的计划制订与藏书清点等工作变得更加便利。

二、中学图书馆文献资源加工

验收、登记工作完成后，中学图书馆还要对刚入馆的文献进行分类、著录、目录组织及加工。

（一）分类

在对文献进行分类时，要做的就是确定分类使用本，即确定图书馆内的分类法与使用本。文献的分类工作包括以下程序：查重、内容分析、确定类号、编制分类索书号、校对等。

（二）著录、目录组织

分类工作完成后，还需要进行文献著录、目录组织工作。在为文献著录时需要严格遵守文献著录规则，著录包括计算机著录和手工著录两种形式。分类、著录工作完成后，就可以结合具体需求组织成各种目录。

（三）加工

文献的加工工作以贴书标为主，其中，手工管理的图书馆要在书上贴书袋，计算机管理的图书馆要在图书上贴条形码，有防盗系统的图书馆还要在书上贴磁条。

三、中学图书馆读者研究与服务

中学图书馆读者研究的工作内容包括组织读者队伍、研究读者类型，以及分析读者的阅读规律等。读者服务主要包括参考咨询服务、文献检索服务、图书情报教育服务、阅读指导服务、阅览服务、外借服务等。

四、中学图书馆藏书组织与管理

入馆后的图书经历验收、登记、分类、编目及加工等流程后，便可入库收藏。中学图书馆的藏书在经历较长时间的积累后，数量会逐渐增多，因此就需要对其进行合理的布局。科学的组织与管理，不仅有利于文献的长期收藏，在使用时也会更加便利。藏书的组织与管理工作主要有藏书保护、藏书排架、藏书布局等。

第五节　中学图书馆管理的基本原理

中学图书馆管理的基本目标在于建立一个具有创造性的自适应系统，以便在持续变化的现代社会面前，保证低耗、高效、持续、高质量地输出信息、能量、物质。中学图书馆管理的基本原理就是研究如何有效管理这些要素并协调好它们之间的相互关系，以更好地实现管理的基本目标。

一、系统原理

系统原理不仅是中学图书馆管理的基本原理之一，还是现代图书馆管理的重要指导思想。是否运用系统理论，是传统管理与现代管理的本质区别。现代图书馆管理中的藏书、人员等各要素都不是独立存在的，它们在自己的系统内彼此影响、相互制约，同时，与其他系统产生各种联系。因此，为了进一步实现现代化管理目标，就必须通过系统理论对管理进行充分的系统分析，这便是图书馆管理的系统原理。

从某种意义上来说，中学图书馆也是一个系统，它由运行系统、指挥控制系统、决策系统、支持系统，以及扩展系统等子系统构成开放的系统，与外界的各种系统产生联系。所有的系统都不是孤立存在的，它们都无法离开自己赖以生存的环境，环境对系统具有较强的约束作用。

（一）整体性

如今，系统论已经成为人们认识客观事物发展规律的重要思维方法，它指导着人们对社会和自然界中的各种复杂进程进行系统的研究与探索。系统整体性原理要求图书馆工作人员树立正确的思想观念，即控制系统是一个动态系统，而并非孤立的局部，我们应该从整体角度来看局部，使局部服从整体，在开展管理工作的过程中充分发挥整体的作用。

（二）目的性

每个系统都需要具备各自明确的目的，如果目的不明确或出现混淆的情况，便会导致管理工作的混乱。系统的结构需要按照系统的功能与目的来建立。图书馆管理工作要明确系统目的主要是将那些没有联系的人、财、物集合起来，以此构成一个完整的管理系统。系统要明确目的的主要原因在于：第一，调动系统内工作者的积极性；第二，按照系统的目的，建立系统的结构；第三，强调系统工作的客观成就及其有效性。

（三）均衡性

开放系统的存在主要取决于"动态体内的平衡"，也就是"输入大于输出"。当一个系统从外界的输入大于其本身的能量、物质消耗时，便能达到所谓的"动态体内的平衡"。如果系统失去了平衡就会导致解体。因此，均衡性也成为开放系统的一个重要条件。

中学图书馆是一个由信息、人员、物质等共同构成的复合体。它们需要通过彼此影响、相互制约的方式实现个体与整体、图书馆系统与外部环境之间的动态平衡。其主要内容有：其一，足够的适应性，以更好地适应外部条件的变化；其二，足够的稳定性，以便实现图书馆系统的预期目标；其三，足够的创造性，以促进组织的不断革新。

（四）层次性

事实上，任何复杂的系统都存在着一定的层次结构，能否分清层次会在很大程度上影响系统的运行效率。处于相同层次上的各个系统之间需要自行协调彼此间的横向联系，只有它们之间失去平衡产生矛盾时，才由上一层次的领导进行协调解决。中学图书馆的管理工作必须做到层次清晰，职责分明，每个层级都要积极履行自己的职责，只有这样才能保证图书馆管理工作的有序进行。

（五）联系性

在中学图书馆系统中，每个子系统、要素、层次都是彼此联系的，"组织联系"是系统的本质。在各类型的联系中，系统构成的联系处于非常重要的位置，稳定的联系有利于保证系统的有序性。中学图书馆系统主要是通过强化各要素之间的联系，维持它们之间的相互制约关系而实现自身功能的。此外，中学图书馆想要充分发挥整体功能也需要依赖"组织联系"，如果没有"联系"，图书馆的整体功能便很难实现。

二、整分合原理

中学图书馆的整分合原理指的是在整体规划的基础上明确分工，在分工明确的基础上进行有效的综合。

该原理蕴含了三层意思：其一，整体把握；其二，科学分解；其三，组织综合。从整分合原理来看，图书馆管理者的主要职责在于，首先站在整体角度为图书馆系统制定合理的总目标；其次对总目标进行分解，明确每个分系统的目标；最后再按照规定检查各环节的落实情况，结合实际选择相应的发展措施。

在整分合原理中，整体观点是重要前提，在不了解整体的情况下做出的分工会让整个工作流程陷入盲目与混乱的状态中。分解是关键，如果没有分工，整体也就无从谈起了。

中学图书馆系统的分解与分工具体如下：在业务工作中，按照作业程序进行分工；在系统内部，按照服务对象及不同的专业进行分工；按照系统层次进行分工，不同系统的各层次负责所在层次的服务等。

中学图书馆系统不仅要做到科学分工，还要进行有效的综合。例如，建立纵向的系统网络，建立图书馆内部的协作协调网络，进行馆际互借，建立图书存储中心等。

三、动力原理

动力是中学图书馆管理工作中不可或缺的一部分，正确运用动力可以保证图书馆保持持续且有效的发展。中学图书馆管理的动力主要包含以下三个方面。

（一）信息动力

从管理角度来看，信息作为一种重要动力，具有一定的独立性。在中学图书馆管理中，掌握信息越多、越快，越有利于收获良好的管理效果。

（二）精神动力

精神动力是一种客观存在。因为管理是人的活动，人只有保持积极的情绪，力争上游，才能产生更大的精神动力。当人的精神与物质利益正确结合时，精神动力便能发挥出强大的作用。人的精神动力包括日常的思想工作、精神鼓励等。

（三）物质动力

对现代管理而言，物质动力既包含对个人进行的物质奖励，又包含社会经济效益。图书馆成立的主要目的在于满足人们对文献信息的需求，从而推动整个社会的进步与发展。在中学图书馆管理中，对图书馆工作人员的物质激励是促进其做好工作，提高工作效率的重要手段。

四、反馈原理

反馈属于控制论中的概念。从某种意义上来说，管理就是一种控制，因此管理过程中必然会存在反馈问题。反馈指的是控制系统将信息传送出去，再将其作用结果返送回来，并对信息的再次输出产生影响，起到控制的作用，以达到预期的目标。

图书馆管理系统是一个非常复杂的系统，其中存在着许多不确定因素，这也使得反馈控制成为中学图书馆管理工作中的重要内容。在中学图书馆管理中，反馈发挥的主要作用是对执行决策的进程及时做出反应，在与约束条件进行比较之后提出合理的调整意见。

五、互补原理

互补原理指的是当两个或两个以上的人为了完成个人无法完成的任务，而将资源与力量集中在一起的管理过程。该原理与系统原理之间互相渗透，它们使系统的各部分彼此制约、互相影响，形成有机整体。整体的功能大于部分之和是互补原理的重要内容。

中学图书馆系统是一个由各部分、各要素共同构成的整体。要想使这个整体得到优化，整体功能得到充分发挥，就需要通过互补原理实现各要素的互补、各管理层次的互补等。只有这样才能进一步增强中学图书馆的内部凝聚力，更好地缓解图书馆的内部矛盾，提升图书馆的社会效益与工作效率。

六、动态相关性原理

动态相关性原理指的是图书馆管理需要根据系统的发展变化而不断调整控制方案，保持"动态体内的平衡"。动态相关性主要有以下几点要求。

第一，中学图书馆管理者首先要明确的是，对图书馆系统进行管理控制的过程，实际上就是在掌握管理对象的运动发展特点的基础上，通过适当调控实现整体长远目标的过程。

第二，为了保证图书馆系统的正常运转，以及预期目标的实现，中学图书馆管理者应重视信息的收集与反馈，及时掌握系统内部的动态相关特性，以增强人与人、物与物、物与人之间的群体效应，使图书馆管理拥有一个理想的组织结构。

第三，图书馆管理者应掌握图书馆的发展与变化特点，并及时做出相应的调整，以保障图书馆系统的正常运行。

七、弹性原理

在客观世界中，一切事物都处于不断发展变化中，图书馆管理只有保持充分的弹性才能更好地适应事物的各种变化，进一步实现动态管理。

中学图书馆管理的弹性原理主要包含两类：一类是整体弹性，另一类是局部弹性。整体弹性是每个系统都有的，它主要体现在人员结构、发展战略、系统目标，以及机构的设置等方面；局部弹性指的是所有类型的管理都应在一系列管理环节上保持可调节的弹性。

中学图书馆管理在运用弹性原理的过程中，还需要明确区分积极弹性与消极弹性。积极弹性指的是充分发挥人的智慧，进行科学预测，既要在关键环节上保持一定的可调节性，又要提前准备好各种调节方案；而消极弹性指的是将图书馆的目标定得低一些，计划订得宽松一些。中学图书馆管理应以积极弹性为主，仅在特定条件下有限地运用消极弹性。

八、要素有用性原理

图书馆管理系统是相互作用、相互制约的若干要素的集合整体。为了求得系统整体的最优化，图书馆管理系统就需要充分激发每个组成要素的积极作用。

图书馆管理系统包括很多要素，这些要素的有机结合决定了图书馆管理系统的功能。在管理过程中，能否发挥诸要素的作用是整个系统得以有效运行的关键。这些作用的发挥虽然与管理者自身的阅历、知识、智慧、领导艺术水平、胆略等有关，但更主要的是与管理者对诸要素的认识正确与否有关。管理者的任务就是不断激发要素的积极作用，抑制其消极作用。有的要素具有潜在作用，或暂时作用不明显，随着时间的推移，将来才有作用。因此，管理者应对系统内诸要素的功能与作用有明确的认识，用科学手段处理系统内的矛盾，做到人尽其才，物尽其用。

九、能级原理

管理能级是不以人的意志为转移的客观存在。它使管理得以有规律地运动，以获得最佳的管理效率和效益。现代化管理的任务是建立一个合理的能级，使管理的内容动态地处于相应的能级中。能级原理包含以下内容。

其一，能级的确定必须保证管理结构的最大合理性。在管理系统中，各要素、各部分的活动必须服从于系统的最高目标，保证系统具有高效率与运行高可靠性的要求。因此，管理系统中能级的划分不是随意的，它的组合也不是随意的。

其二，对不同能级应授予不同的权力、物质利益和精神荣誉。管理者为了充分发挥一个管理系统的效率，除了合理划分和组织能级之外，还必须使系统的不同能级与不同的权力、物质利益和精神荣誉相对应。

其三，各类能级必须动态地对应。各种管理岗位有不同能级，人也有各种不同的才能。现代化管理必须使具有相应才能的人处于相应能级的岗位上，实现人尽其才，各尽所能。

第二章 中学图书馆的藏书建设工作

图书馆藏书是中学图书馆为教育教学提供服务的重要基础，是图书馆开展各项工作的前提条件。

藏书建设工作是图书馆工作的基石，其基本任务是通过收集、整理、组织、保管藏书等工作，来满足读者获取所需图书文献的需求。系统性、有针对性地收集文献是图书馆工作的首要环节，因此，藏书建设工作的水平高低不仅能决定馆内藏书的质量，还能对参考咨询工作、阅览工作等图书馆的其他工作产生直接影响。下面将从中学图书馆藏书的结构与原则、补充与登记、组织与管理、编目几个方面对中学图书馆的藏书建设工作展开论述。

第一节 中学图书馆藏书的结构与原则

掌握图书馆藏书的结构与原则，是开展中学图书馆藏书建设工作的必要前提。

一、图书馆藏书的定义

图书馆藏书指的是所有被图书馆收藏并使用的书刊资料的总和。它包括图书、报纸、期刊等传统纸质文献，声像、机读等现代文献，以及尚未发表，甚至还未被人们认知的信息文献。图书馆藏书需要经历收藏、使用的过程。那些没有经历组织与加工的图书无法在读者中借阅流通，没有体现图书的使用价值，因此不能被称为"藏书"。此外，那些暂存在图书馆内，但要被剔除的图书也不能被称为"藏书"，因为它们已经失去了使用价值和保留价值。总之，只有能满足读者需求,符合图书馆任务要求,经历了搜索、整理、加工、保管的流程,且可以被读者借阅的文献,才是真正的图书馆藏书。

二、中学图书馆藏书的结构

一般而言,图书馆藏书结构指的是图书馆结合自身的性质定位、业务特点及服务对象,对不同范围、不同专业、不同学科、不同用途的图书进行系统性的收集、整理,并不断优化,使其成为一个体系化、系统化且具有一定内在联系的整体的状态。

馆藏文献可分为两大类型:一种是声像型,另一种是印刷型。声像型馆藏文献包括光盘软件、录像带、录音带、多媒体资料等。印刷型馆藏文献包括图书、报刊等。

下面将以印刷型馆藏文献为主介绍中学图书馆藏书的结构。中学图书馆藏书结构主要包括教育教学类、思想政治类、文学艺术类、自然科学类、语言文字类、历史地理类、综合类(如图 2-1 所示)。

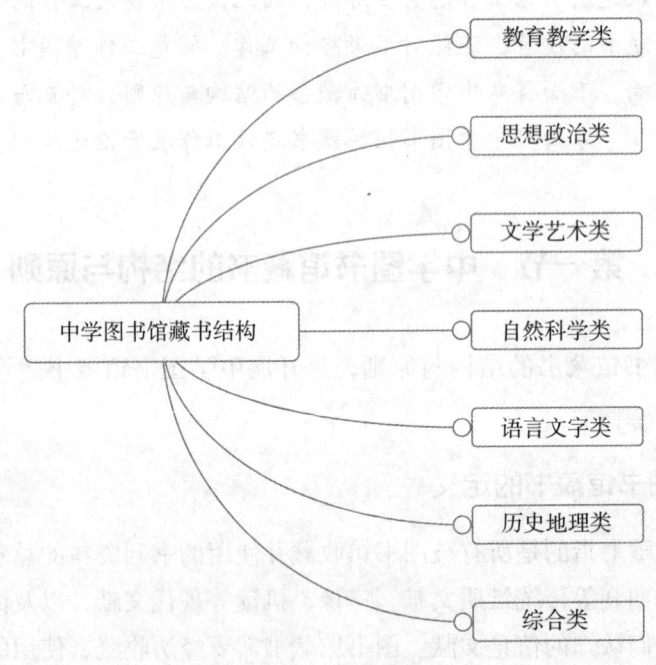

图 2-1 中学图书馆藏书结构

（一）教育教学类

教育教学类图书在中学图书馆中占据着非常重要的位置。这类图书主要包括教学管理教案、教学参考书、教育心理专著、教育理论专著、各科教学用书、继续教育用书等。教育教学类图书的主要特点是它会随着课程、教学大纲而不断变化。

（二）思想政治类

思想政治类图书包括马克思列宁主义、毛泽东思想等思想理论著作、政治法律著作，以及各种对中学生具有政治思想教育、安全教育作用的图书。

（三）文学艺术类

文学艺术类图书不仅包括各种文学作品、文学理论，如民间故事、诗歌、散文、小说等，还包括各种美术、音乐作品的赏析、技法等读物。这类读物为中学生的课外阅读提供了物质基础，是素质教育深入开展的重要助力。

（四）自然科学类

自然科学类图书主要包括基础科学与应用科学等方面的著作，如数学、化学、物理、天文等各类科学普及读物。

（五）语言文字类

语言文字类图书包括各种语法教学用书、语言著作、外语普及读物，以及演讲与口才训练类图书。

（六）历史地理类

历史地理类图书包括各国历史、史学理论，以及人物传记等文献。其中的历史普及读物、历史教学读物、世界地理概况、中外名人传记等，是爱国主义教育的重要材料。

（七）综合类

综合类图书主要包括百科全书、手册、年鉴、词典、字典、索引等各种检索性的工具书。

三、中学图书馆藏书的原则

中学图书馆藏书是长时间积累起来的文献资源，在其形成与发展过程中需要遵循一定的原则。

（一）目的性原则

图书馆的藏书建设应该有一定的目的性，要充分考虑读者对图书的需求，以及本馆的任务、方针与收藏范围。中学图书馆应该立足于教育教学的需求，首先收藏各科课程的教学用书、教学大纲、教材、教研用书、工具书等，为教育教学提供必要的物质基础。

（二）系统性原则

中学图书馆的藏书要做到完整、系统、全面，不仅要有基本的教育教学资料，还要有学生进行课外阅读的相关读物。其中，教育教学的文献资料要更加注重系统性。

（三）效益性原则

中学图书馆藏书的效益性原则主要涉及两个方面，一方面是使用效益，另一方面是经济效益。效益性原则要求图书馆科学合理地支配图书经费，做到保证重点、照顾一般、品种丰富、种册适宜。

（四）适用性原则

中学图书馆的藏书应与主要服务对象，即中学生的年龄特点相符。中学生正处在思想品德、身体、心理等方面成长发展的关键阶段，对此，中学图书馆应结合其知识水平与年龄特点，充分掌握其阅读需求，搜集有利于中学生身心健康发展的图书。此外，中学图书馆还要从专业程度与思想内容方面对图书进行筛选，避免学生接触不健康或质量较低的图书，以免影响阅读效果。

（五）发展性原则

中学图书馆文献信息资源建设是一个长时间积累的过程。中学图书馆在收藏文献信息的过程中，需要与课程改革密切结合，不仅要选择传统教学方法、教育管理方面的文献资料，还要收藏现代学科知识、教育管理方面的图书资料。

（六）制度化原则

为了更加科学地组织、管理藏书建设工作，中学图书馆需要制定相应的藏书建设制度。该制度需要为图书馆的采购范围、统计与剔除、书刊比例、藏书的清点与保管、书库阅览室的组织、购书经费的分配，以及采购计划等各项工作做出明确的规定，以此避免人为主观因素对藏书建设工作产生的不良影响，保证藏书建设工作的系统性。

（七）分工协调原则

图书馆的图书经费是有限的，中学图书馆要想最大限度地满足读者的阅读需求，就需要采用与其他图书馆分工合作采购的方法。各图书馆首先需要整理出各自的基础藏书与重点藏书，其次由不同的图书馆购买不同学科领域的书籍，最后以馆际互借的方式进行资源共享。这样不仅能增加本地区图书馆的图书种类，更好地满足读者的阅读需求，还能避免图书采购时出现重复的情况。此外，中学图书馆还可以加强与本地的公共图书馆、工会图书馆之间的联系，通过馆际互借的方式进一步满足校内师生对图书资料的需求。

第二节　中学图书馆藏书的补充、验收与登记

藏书的补充与登记是中学图书馆建设过程中的重要内容，其中，藏书补充工作的好坏将在很大程度上影响图书馆藏书的质量。

一、中学图书馆藏书的补充

（一）补充藏书的方式

在中学图书馆藏书建设中，藏书补充主要是指藏书采购。补充藏书的方式主要有购入和非购入两种。

1. 购入方式

购入方式包括邮购、选购及订购等。

（1）邮购。邮购是指图书馆以邮寄的方式购买书籍。图书馆想要购买其他地区的书籍时，可以采用邮寄的方法购买。

（2）选购。选购是指图书馆到书市或书店直接购买图书。这种方法有利于直接判断图书的质量和读者的认可程度。选购要求补充藏书的人员充分了解图书馆的馆藏，知道现有的图书，以及该补充什么类型的图书。

（3）订购。订购也就是预订。图书馆可以参考相关的图书预订目录，选定本馆所需的图书，在填写预订品种与册数后，送至新华书店等发行部门，由发行部门供应图书。对于预订的图书，图书馆需要建立相应的图书预订卡，记录书名、册数、日期等，以便日后查验。

2.非购入方式

非购入方式包括接收、征集、交换及馆际调拨等。

（1）接收。接收是指图书馆接受某个单位或个人捐赠的图书。

（2）征集。征集是指图书馆以上门求访、发函等途径收集非正式出版单位出版的内部图书资料。

（3）交换。交换是指图书馆将多余书刊或自己编辑的资料，与其他图书馆或其他相关组织进行交换。

（4）馆际调拨。馆际调拨是指在有关政府部门的领导下或图书馆机构的组织下，图书馆将一批图书无偿调拨给其他图书馆。

资料室补充资料的方式包括选、购、换、索、剪、抄、摘、录等。

（二）补充藏书的人员

除了方式之外，补充藏书的工作人员的确定也是非常重要的。一名合格的图书馆藏书补充人员应该符合以下条件：

（1）了解图书馆内的馆藏情况；

（2）充分掌握师生的阅读需求；

（3）具有一定的文化水平，热爱本职工作，乐于接受新思想、新事物；

（4）了解图书的出版发行情况，善于收集相关信息；

（5）能够基本掌握本校各学科的教学大纲；

（6）了解图书知识，能够正确判断图书的使用价值与对本馆读者的适用程度。

（三）补充藏书方针的制定

在补充藏书的过程中，为了保证馆藏图书的质量、更好地满足读者的阅读需求，中学图书馆需要制定合理的方针。在制定补充藏书方针时，中学图书馆需要对以下几种关系进行妥善处理。

1.教师用书与学生用书之间的关系

中学图书馆在制定补充藏书方针时，需要以本校教师与学生的阅读需求为出发点，选购的图书既要包含教师用书，又要包含适合本校学生阅读的课外读物。

2.重点藏书与一般藏书之间的关系

（1）重点藏书是馆藏范围中的主体部分，它指的是图书馆根据主要读者的阅读需求，以及自身的工作任务所选配的各专业、主题及学科的图书资料。在中学图书馆中，重点藏书是指为了本校的教育教学工作而专门采购的各类教学方法、教育理论方面的著作，教学大纲，教学参考资料，工具书，等等，其中也包括那些可以对本校学生进行思想政治教育的图书资料。这种藏书的主要特点为针对性强，读者需求长期稳定。图书馆补充藏书需要明确馆内重点藏书的范围，优先选购重点藏书。

（2）一般藏书指的是除重点藏书之外的藏书。它不仅包括部分学习用书、课外读物，还包括一些社会科学类、自然科学类的图书。这类藏书的主要特点为学科范围较广，数量大，对中学生的全面发展具有重要的促进作用。在制定补充藏书方针时，中学图书馆应对一般藏书进行有选择的入藏，尽最大努力满足读者的阅读需求。

3. 图书与报刊之间的关系

图书是读者使用率最高的文献类型，而报刊可以在较短的时间内为读者提供最新信息与有用资料，它们都是图书馆藏书不可或缺的部分。中学图书馆在制定补充藏书方针时，应按照适当的比例购置图书与报刊。

4. 品种与复本之间的关系

由于图书经费有限，图书采购品种与复本之间的关系也成为制定补充藏书方针时必须考虑的一个重要方面。事实上，确定各种藏书的复本量是一项十分复杂的工作，如果复本过少，将无法满足读者的需求；如果复本过多，就会造成浪费。对此，中学图书馆需要充分考虑本馆的实际阅读需求，确定合理的复本量标准。

另外，中学图书馆补充藏书的方针还需要对购书费在图书经费中的比例、采购工作的程序等做出明确规定。

二、中学图书馆藏书的验收与登记

（一）图书的验收

对于新到馆的图书，首先，需要根据销售部门、捐赠单位或者调拨单位提供的单据进行核对，检查实际的单价、总金额、书名、册数与单据是否相符。其次，要对图书的质量进行验收，即是否出现倒装、缺页、破损、缺册的情况。

在一系列验收工作完成之后，中学图书馆还要在图书上加盖本馆的馆藏章。每个中学图书馆都需要准备两个印章：一个是馆藏章，通常盖在书的暗页与外切口上；另一个是登录章，通常盖在书名页上。

（二）图书的总括登录与个别登录

图书的登记也称为"图书登录"。所有入馆收藏的图书都必须进行登记。对图书进行登记可以更完整地记录图书馆的馆藏情况，形成准确的统计资料，为清点藏书、总结工作、制订计划等提供必要的依据。

图书登录可分为总括登录与个别登录。

1.图书的总括登录

图书的总括登录指的是以每批收入图书的调拨单、发票等为依据，对整批图书的总金额、总册数，以及各大类图书的册数进行登记。图书的总括登录主要包含收入、注销、结存三个部分。

（1）收入。收入部分需要结合收入图书的单据进行一次性登记，每批一行。登记主要包含两个环节：第一个环节，结合验收单据，填写登录时间、登录顺序、文献来源、金额与册数及登录起讫号；第二个环节，填写各类种册数、各文种册数、各装订册数。具体填写方式如下。

登录时间：按照实际登记日期填写。

登录顺序号：按年起号，每年均从"1"开始，每批一号。

文献来源：按照实际情况填写，常见的有交换、捐赠、调拨、自购等。

金额与册数：按照单据上的数据进行填写。

登录起讫号：每本书一个流水号，接上批次连续登记。

各类种册数：按照分编后的册数填写。

各文种册数：分中文册数、外文册数填写。

各装订册数：按照精装本、平装本填写。

（2）注销。注销部分应结合注销项目进行登记，在每年的年终按类统计。

注销时间：按照实际的注销日期填写。

顺序号：按年起号，每年均从"1"开始，每批一号。

批准日期：填写注销申请单上领导签字的日期。

注销文据编号：按照注销申请单上的文号进行填写。

总册数与各类图书册数：填写实际数量。

各文种册数与装订册数：填写实际数量。

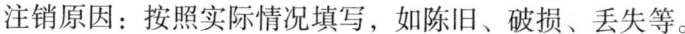

注销原因：按照实际情况填写，如陈旧、破损、丢失等。

（3）结存。结存部分需要每个学期进行一次登记汇总。汇总方法如下：

上年馆藏转结＋上半年收入－上半年注销＝上半年馆藏累计

2.图书的个别登录

图书的个别登录指的是将每种书或每册书的书名、金额、著者、来源、出版年、个别登录号、索书号等登记在"图书个别登录账"上。图书个别登记的方法主要有以下两种：

（1）以种类为单位进行个别登录。每种书占一行，给每册书各分配一个登录号，如果一种书共有4册，就需要登记为XXXX1～XXXX4号。这种方法的优点是节省时间，不足之处是注销、清点较为不便。

（2）以册为单位进行个别登录。每册书一个登录号，每个号占一行，如果同种书共有3册，就需要占3行。这种方法的优点是便于注销、清点，不足之处是重复劳动过多，工作较为烦琐。

第三节　中学图书馆馆藏的组织与管理

入馆的图书在经历了验收、登记、分类、编目及加工等诸多环节后，便要移送至典藏部门进行入库收藏。

图书馆的藏书具有内容广泛、类型复杂、数量庞大等特点，为了实现长期保存、便于使用、合理布局的目标，图书馆就需要对这些藏书进行科学、系统的组织与管理。藏书的组织与管理主要包含藏书布局、藏书排架、藏书清点、藏书剔除及藏书保护。

一、藏书布局

藏书布局又称"藏书划分或书库划分"，指的是以出版物的内容性质、读者的阅读需求、出版形式等为依据，建立各种功能不同的书库，为每部分藏书提供更加合理的存放位置。藏书布局需要符合以下要求：便于存放、排检，有助于提升藏书的利用率。

按照不同的标准与需要，中学图书馆的藏书布局可以划分成不同的类型。

（一）按照藏书的层次划分

以藏书的层次为依据，藏书布局可分为基本书库与辅助书库。

1. 基本书库

基本书库是图书馆藏书的中心，它具有知识范围广、文献信息量大、用途广泛等特点。基本书库对辅助书库起调节作用，它既要向辅助书库提供藏书，又要接收辅助书库中流通率较低的藏书。

2. 辅助书库

辅助书库是基本书库的一部分，它具有利用率高、针对性强等特点。辅助书库在不断补充新藏书的同时，还要将那些利用率较低的藏书送回基本书库。

中学图书馆通常采用以基本书库为中心、以辅助书库为分支的布局方式。

（二）按照藏书的载体形式划分

以藏书的载体形式为依据，藏书布局可分为图书书库、报刊库，以及影像资料库等。

（三）按照藏书的利用方式划分

以藏书的利用方式为依据，藏书布局可分为开架书库、半开架书库，以及闭架书库。

1. 开架书库

开架书库采用比较开放的管理方式，读者可以自行挑选书架上的图书。

2. 半开架书库

半开架书库是介于开架书库与闭架书库之间的一种藏书布局模式。在这种模式下，图书会被放入带有玻璃的书柜中，读者能看到书的外观，但不能自取，需要由馆内工作人员帮忙取出并办理借阅手续。

3. 闭架书库

闭架书库采用封闭式管理，读者不直接接触藏书，借阅时由馆内工作人员为其在书架上取书，归还时也由工作人员负责将书放回，这种模式有利于保护馆内藏书。

中学图书馆应该通过以开架书库为主、以半开架书库为辅的形式进行藏书布局规划。

二、藏书排架

藏书排架指的是按照特定的方法将图书馆内的所有图书科学、系统地排列在书架上。排架的主要目的在于方便使用。藏书排架的方式大体上可分为两类：一类是分类排架，另一类是形式排架。

（一）分类排架

分类排架是一种将所有藏书按照其内容所属的学科体系进行排列的方法。在采用这种方法时，藏书需要按照分类号进行排列，如果是同一类藏书，则要再结合辅助号的顺序排列。排架号也称为"索书号"，它是由分类号与辅助号共同构成的。分类排架的方式主要有分类书次号排架法、分类登记号排架法、分类书名号排架法、分类著者号排架法等。

1. 优点

分类排架的优点在于：便于图书馆工作人员了解、推荐、宣传藏书，有利于读者或工作人员查找某一本藏书或与之类型相近的藏书，有利于馆内藏书形成一个具有逻辑性、系统性的科学体系。

2. 缺点

分类排架的缺点在于：分类排架号较长，会在一定程度上增加藏书排检工作的难度；每当新书入库或外借的书归架时，往往需要重新调整书架，从而增加了工作人员的工作量；无法使书库面积得到充分利用，因为图书馆在整理图书时需要给每类图书留下空位，以便新入藏的图书能随时插入。

（二）形式排架

形式排架主要包括固定排架法与登记号排架法。固定排架法指的是按照到馆顺序对藏书进行固定的排架，藏书的固定排架号由书架号、层格号及层格内的书序号构成；登记号排架法指的是按照个别登记号码的顺序排列藏书，将藏书的登录号作为排架顺序号。

1. 优点

形式排架的优点在于：能够有效利用书架存放空间，便于藏书的排检。形式排架比较适合密集书架和流通量较小的书库。

2. 缺点

形式排架的缺点在于：很难将同类书、同复本书放在一起，会给读者或工作人员直接利用藏书带来困难。

分类排架与形式排架这两种方式都存在各自的优点与不足。如今，中学图书馆普遍采用的是分类排架法。

三、藏书清点

藏书清点是中学图书馆藏书组织与管理工作中的重要内容，它指的是对图书馆的藏书进行定期清点。藏书清点不仅有助于分析图书馆的业务漏洞，还能更准确地掌握馆内的藏书情况。藏书清点的方法主要有两种，即分类目录清点法与检查卡清点法。

（一）分类目录清点法

在中学图书馆中，藏书的分类排架法与分类目录的组织是一致的，因此利用目录可以更加便捷、准确地完成藏书清点工作。工作人员在清点藏书的过程中，可以分类、分组同时进行，此外还要在分类目录上留下相应的标记，以便于核对。而那些尚未归还的书可以先用卡片（卡片上写好书名、书号、登录号）代替。

（二）检查卡清点法

检查卡清点法指的是为每册清点的图书（包括外借图书）建立"检查卡"，检查卡上需要写明书名、登录号及索书号。检查卡制作完成后，需要按照登录号的顺序进行排列，再结合登记簿进行逐一核对，这样一来便能非常直观地掌握图书馆的馆藏情况。

藏书清点工作完成之后，需要及时撰写总结报告。报告内容包括馆内藏书数量，各类藏书比例，丢失、破损情况及原因，改进措施等。经领导批示后，分别在"图书个别登录簿""图书总括登录簿"或计算机管理软件的"注销登记"中进行登记。

中学图书馆的藏书清点工作可与藏书剔除工作同步进行。

四、藏书剔除

藏书剔除指的是图书馆结合相关规定，对馆内失去使用价值或长时间滞留的藏书进行筛选、处理的过程。藏书剔除与藏书补充是中学图书馆藏书建设的两个互为补充的重要方面。在及时补充新藏书的同时，中学图书馆也要对那些陈旧的藏书进行剔除，唯有如此，才能建成高质量的藏书体系。

（一）剔除范围

藏书的剔除范围包括失去使用价值的图书，过量的复本，污损严重且无法修复的图书，内容陈旧且观点不正确的图书，与党现阶段的思想政治路线、法律法规等不符的图书，不利于学生身心健康发展的图书，不符合社会主义精神文明建设的图书等。

（二）剔除流程

中学图书馆在剔除藏书时，需要遵循一定的流程（如图2-2所示）。

图2-2　中学图书馆藏书剔除流程

具体的剔除流程如下：首先，需要填写图书注销申请单，并阐明注销藏书的原因，上报给领导审批；其次，在"图书个别登录簿"与"图书总括登录簿"，或计算机管理系统中进行注销登记；最后，按照相关规定对剔除后的藏书残值进行处理。

五、藏书保护

中学图书馆内的藏书既是学校的宝贵财产，又是本校师生获取文献资料、开展阅读活动的重要条件。因此，保护好图书馆的藏书是继承、保护文化，实现教育教学职能的需要。

（一）防火

图书多为纸质，属于易燃材料，如果发生火灾，将会造成极大的损失。因此，对图书馆来说，防火是非常重要的。在防火方面，中学图书馆应该秉承"以防为主，以消为辅"的原则，严格遵守各项消防安全的管理制度。

（二）防晒

在空气与光的共同作用下，图书馆内的藏书会产生一定的化学变化、物理变化，进而出现纸张变脆、发黄、书页脱落、断线散页等情况。为了不让这些情况发生，图书馆应做好防晒工作，避免藏书受到阳光直晒。

（三）防虫、防鼠，消毒

防虫蛀、鼠蛀是藏书保护工作中的重要内容之一。能够对藏书造成危害的害虫有很多，其中，常见的是书虱、皮蠹、蛾蝶等。这些害虫往往生活在不通风、潮湿、有污垢的地方。因此，图书馆应该保持良好的通风条件及清洁的环境。为藏书进行消毒的方法主要有物理消毒和化学消毒两种。物理消毒指的是用紫外线灯、太阳光等为经常外借的书消毒，化学消毒指的是用二硫化碳等化学药品进行消毒。

（四）防潮、防湿

图书馆的室内空气湿度会对藏书产生较大的影响。如果馆内的空气湿度过高，就会使藏书受潮变形或腐烂。对此，中学图书馆应该格外重视馆内的通风条件和排水情况，书库内不要设置拖把池或洗手盆。

（五）防尘、防有害气体

防尘也是藏书保护中需要注意的内容。尘土中的微粒会对藏书造成磨损、渗透、污染。此外，尘土遇到潮湿的空气后，就会开始凝聚，进而为害虫、霉菌提供生长条件。因此，图书馆需要具备清新的空气环境、良好的绿化。地面要做到便于清洁、结实耐磨，窗户要做到严丝合缝。

第四节　中学图书馆馆藏文献编目

文献编目是图书馆的必要工作环节，它能使记录某一时间、空间、学科领域的文献资料变得有序化，从而进一步实现宣传、检索、利用文献的目标。

一、图书馆目录的基础知识

图书馆目录是一种按照特定的方法、规则构成的，为图书馆藏书的选择与利用提供便利的工具。从某种意义上来说，图书馆目录是图书馆对馆藏图书的形式与内容的客观描述。

（一）图书馆目录的基本概念

1. 文献

文献指的是以文字、声像、符号、形象等形式记录知识的所有载体，图书馆的文献包括图书、古籍、图表、教材、音像资料、报刊等。

2.著录

著录指的是在编制文献目录时，遵照相应的规则，对文献的形式特征、内容进行分析、选择及记录的过程。

3.款目

款目指的是结合特定的规则，对某个形式特征或内容做出一条记录。在编制图书馆目录时，需要将这些记录写在卡片上，每张卡片就是一条款目。通常情况下，一种文献可以有题名、主题、分类等诸多款目。

4.编目

编目指的是将款目组织成目录的过程。编目主要包括文献标引、文献著录及目录组织等过程。

5.标目

标目也叫"著录标目"，指的是编制目录过程中的各种名称、代码、编号等，它们是目录款目排序和检索的重要依据，对目录中款目性质与排检次序起着决定作用。

6.图书馆目录

图书馆目录是一种将一批著录后的馆藏文献信息的款目按照特定的顺序组织排列而形成的检索、揭示图书馆馆藏的工具。它是读者了解文献资料、确认借阅的重要依据。

（二）图书馆目录的作用

图书馆目录的作用主要有以下几点。

1.揭示馆藏

图书馆目录通过款目完成对馆藏文献形态特征、内容的记载，是对图书馆庞大、复杂的信息资源的有序化揭示。

2.供读者检索文献

有了图书馆目录这一基础条件，读者便能从主题、题名、著者及分类等方面进行文献检索。此外，馆内的工作人员也可将某一类文献整理为二次文献、三次文献，并以目录的形式提供给读者，帮助其更快地检索到自己所需的文献。

3. 为各项工作提供必要支持

图书馆的各项工作都离不开图书馆目录。例如，在采购文献时，需要通过目录进行查重；在对文献进行分类时，需要凭借目录查验同种书是否有不同的分类号；在藏书组织与管理工作中，需要参考目录划分藏书范围；在读者服务工作中，需要借助目录向读者推荐书目等。

4. 有助于宣传图书、辅导阅读工作的开展

图书馆目录在揭示文献学科内容的同时，也对读者起到了文献宣传作用，为其选择文献资料提供了重要依据。

（三）图书馆目录的种类

1. 以使用对象为标准进行分类

以使用对象为标准，图书馆目录可分为读者目录与公务目录。

（1）读者目录，即公共目录，这种目录的主要作用是帮助读者查阅图书资料。读者目录揭示的文献内容会随着文献内容的适用范围和读者的阅读需求而有所调整。因此，这种目录反映的文献内容有时并不是全部馆藏内容。

（2）公务目录，即工作目录，这种目录主要为图书查重、典藏，以及分类编目等工作服务。公务目录需要反映图书馆内的全部馆藏。

在物质条件不足的情况下，中学图书馆也可将读者目录与公务目录合二为一。

2. 以物质形态为标准进行分类

以物质形态为标准，图书馆目录可分为卡片式目录、活页式目录、张贴式目录、书本式目录及机读式目录。

（1）卡片式目录是按照特定的顺序，将许多记录了文献特征的卡片编排在一起而制成的。这种目录的优点在于可以随时调整、增减，适合多人使用；缺点在于需要相应的设备，且翻阅卡片会浪费一定的时间。

（2）活页式目录是按照类别将记录文献特征的散页排列并装在活页夹内而制成的。它的优点在于支持随时增减，缺点在于容易损坏。

（3）张贴式目录指的是将卡片目录或活页目录的某一部分张贴在阅览室或借书处，它的主要作用是宣传图书。

（4）书本式目录是按照一定的顺序将图书馆藏书以书本形式呈现出来的目录。它的优点在于便于复印、携带；缺点在于无法随时增减，不能反映图书馆

的全部藏书。

（5）机读式目录的全称是机器可读目录，它是一种对文献内容进行计算机处理，并以代码形式记录在计算机存储载体上，通过计算机完成编辑、控制、处理的目录。这种目录是实现信息资源共享的重要基础。

3. 以揭示文献的特征为标准进行分类

以揭示文献的特征为标准，图书馆目录可分为题名目录、主题目录、著者目录及分类目录。

（1）题名目录是按照文献的名字顺序编排而成的，它的主要作用是为读者根据题名检索资料提供依据。题名目录既可以揭示馆内某个文献，也可以揭示同种文献的不同版本。此外，题名目录还可以帮助工作人员快速判断馆内是否收藏某一题目的文献。

（2）主题目录是按照文献内容主题词中字的顺序编排而成的。主题词指的是文献标引、检索过程中用来表达文献主题的词或词组。这种目录可以按照主题词把那些包含相同内容的不同图书集中起来。借助主题目录，读者可以查到特定内容的图书。

（3）著者目录是按照著者名字中的字顺编排而成的。利用这种目录，读者可以更容易地找到馆内特定著者的文献，以及某个著者的全部文献。

（4）分类目录是按照馆内图书的分类号编排而成的。因为分类号能揭示文献的学科属性与知识门类，所以利用分类目录可以通过图书类别帮助读者检索所需的文献资料。

4. 以目录反映的藏书范围为标准进行分类

以目录反映的藏书范围为标准，图书馆目录可分为总目录、部门目录及特藏目录。

（1）总目录可以反映图书馆的全部文献。通常情况下，图书馆会用公务目录中的题名目录作为总目录。

（2）部门目录指的是图书馆内某个部门的目录，如教师资料室目录、借书处目录等。这种目录可以根据具体需求来选择书目内容。

（3）特藏目录主要是用来反映那些需要特别保管或具有特殊价值的文献的目录，如古籍善本书目、地方志目录等。

一个图书馆需要设置的目录，应该在充分结合图书馆自身的任务、类型、组织方法、藏书规模，以及读者的阅读需求的基础上进行确定。

中学图书馆需要设置分类目录和题名目录,如果条件允许,则还可增设著者目录。

二、中文普通图书著录

(一)普通图书著录项目

著录项目指的是揭示文献物质形态、外在形式、内容的记录事项。按照不同的职能与性质,著录项目可分为图书馆业务注记项目与文献特征著录项目,其中,文献特征著录项目又可细分为书名与责任说明项、提要项、出版发行项、版本项、载体形态项、文献特殊细节项、排检项、附注项、丛书项,以及标准编号与获得方式项十大项目。

1.书名与责任说明项

书名指的是对图书特征、内容的隐喻、象征或直接表达,并使其个别化的名称。它包括正书名、并列书名及说明书名的文字。

责任说明项指的是对图书内容的创造、加工、整理负责的团体或个人,包括第一责任者和其他责任者。

2.提要项

提要项指的是围绕图书内容做出简介或评述,为读者检索图书提供必要的参考。

3.出版发行项

出版发行项能够揭示图书的出版年月(发行年月)、出版地(发行地)、出版者(发行者)、印刷年、印刷地、印刷者。

4.版本项

版本项主要包括版次、其他版本形式,以及与本版相关的责任说明。

5.载体形态项

载体形态项能够揭示图书内在与外在的物质形态特征,如附件、尺寸、图及页数(卷数、册数)。

6.文献特殊细节项

文献特殊细节项仅适用于著录连续出版物的年、卷、期起讫,地图的比例尺和投影法等,或是一些文献的特殊记载。

第二章 中学图书馆的藏书建设工作

7.排检项

排检项著录往往位于款目的下方，具体格式：题目、责任者、主题词、分类号。

8.附注项

附注项主要反映的是图书正文中没有出现的材料，是对图书正文内容的补充说明。

9.丛书项

丛书指的是由多种单独著作汇集而成的一套图书，它们共用一个总书名，并以编号或不编号的方式出版。它通常是针对某一主题内容、特定的读者对象或为了某种用途而编撰的。

10.标准编号与获得方式项

标准编号与获得方式项主要包括国际标准书号（ISBN）、获得方式、装订。

（二）著录项目的取舍与著录级次的选择

1.著录项目的取舍

在众多项目中，一部分是主要项目，另一部分是选择项目。

（1）主要项目：题名与责任说明项的正题名、第一责任说明，文献标准编号，版本项的版本说明，载体形态项的数量及特定文献类型标识、尺寸、附件，丛书项的丛书正题名、丛书编号、分丛编号，出版发行项的出版年月、出版地、出版者文献特殊细节项。

（2）选择项目：并列题名、一般文献类型标识、其他题名信息、其他责任说明，丛书并列题名、丛书其他题名信息、丛书责任说明、丛书ISBN，装帧、获得方式、附加说明，印刷地、印刷者、印刷日期，附注项。

2.著录级次的选择

著录可分为三个级次。

（1）第一个级次：简要级次，仅著录主要项目。

（2）第二个级次：基本级次，除主要项目外，可以著录部分选择项目。

（3）第三个级次：详细级次，著录主要项目与全部选择项目。

中学图书馆的著录级次应以基本级次为主，结合本馆的馆藏情况灵活掌握。

(三) 著录格式

1. 著录格式的定义

著录格式指的是各著录项目在载体上的表达方式与排列顺序，它主要通过标识符号与段落进行体现。

2. 著录格式的类型

著录格式从不同的角度可以划分成不同的类型。

(1) 从款目性质角度来看，著录格式可分为题名款目格式、通用款目格式、主题款目格式、分类款目格式，以及责任者款目格式。

(2) 从表述特征角度来看，著录格式可分为连续著录格式、分段著录格式。

3. 通用款目分段著录格式

著录格式主要由排检项与著录正文共同构成，包括六个段落。

(1) 书名与责任说明项，出版发行项，版本项。

(2) 载体形态项（另起一行，与题名齐平），丛书项。

(3) 附注项。

(4) 标准编号与获得方式项。

(5) 提要项。

(6) 排检项。

(四) 著录项目标识

1. 常用的标识符

下面介绍几种常用的著录标识符及其用法（见表 2-1）。

表 2-1 著录标识符及其用法

标识符名称	标识符	用法
项目标识符	.—	用在题名与责任说明之外的各大项之前
逗号	,	用于有从属标识的从属题名，同一责任说明的第二、第三个责任者，附加版本说明，出版年，国际标准出版物号，交替题名，分段页码的第二、第三页

第二章　中学图书馆的藏书建设工作

续　表

标识符名称	标识符	用　法
冒号	:	用在出版者、获得方式、丛书其他题名信息、图,以及其他题名信息之前
引号	" "	用于引用内容
问号	?	用于不能确定的著录内容,如推测著录的出版地、出版年等,并与方括号"[ ]"结合使用
加号	+	用在载体形态项的附件之前
分号	;	用在其他责任说明,联系出版物的后续标识系统,丛编号,尺寸,其他出版地,属于同一责任者的第二、第三无总题名文献的题名之前
等号	=	用在识别题名、并列题名、丛书并列题名、并列责任说明、连续出版物卷期或年月的第二标识系统之前
乘号	×	用于载体形态项的文献宽度或厚度尺寸之前
圆括号	( )	用于丛书项,载体形态项的补充说明,印刷事项,标准编号与获得方式项的附加说明,以及连续出版物卷、期、年、月或其他标识项的年月标识
方括号	[ ]	用于一般文献类型标识与取自规定信息源之外的著录信息
圆点	.	用在从属标识或无从属标识的从属题名,以及属于不同责任者的第二、第三个无总题名文献的题名与分丛书题名之前
省略号	…	用于标识省略的著录内容
斜线	/	用在第一责任说明、丛书第一责任说明,以及与本版有关的第一责任说明之前
双斜线	//	用在分析著录中析出文献与其所在整体之间
连字符	-	用于年代、卷期等起讫连接

043

2.标识符的使用说明

（1）除了责任说明与题名外，各项目在连续著录时，都需要在前面加上项目标识符".-"。回行时，项目标识符不可省略，各项目另起段落著录时可以省略。

（2）在卡片款目的著录格式中，主要采用段落符号式，每个段落开头的项目都可以省略".-"。

（3）除了项目标识符可以占两格外，其他符号均占一格，且前后不再空格。

（4）那些不进行著录的项目，其标识也连同项目一并省略。

（5）重复的著录项目也需要添加相应的标识符。

（五）著录根据与著录用字要求

1.著录根据

著录根据指的是著录事项的来源，图书著录描述的是全书，著录事项需要来源于全书。著录的主要根据是版权页和题名页，当题名页与书脊的题名不同时，应以题名页为准，并将其他的书名注于附注项中；在著录版本与出版发行项时，编目员需要通过查找相关工具书找到必要的图书特征著录事项，并将其用方括号括起。

2.著录用字要求

在为图书著录的过程中，编目员需要遵守一定的用字规范，即使用国家正式公布的简化汉字，图书中的异体字、繁体字都要改为简化字。此外，图书的价格、卷（册）数、尺寸、版次，以及发行日期等要统一使用阿拉伯数字。

（六）各种著录项目的著录方法

1.书名与责任说明项著录

（1）单纯书名的著录。单纯书名指的是前后不存在附加文字的书名。在进行单纯书名的著录时，需要遵循以下几点。

第一，当书名前出现"笺注、钦定、增订、图解、插图、袖珍、新编、重订"等字眼时，应照录。

第二，遇到书名前冠有责任者姓名的书名时，需要判定它是否为书名的构成部分。如果是，则应照录；如果不是，则不予著录。

第三，书名中的文字、数字、符号、汉语拼音、外文字母及标点均照录。

第二章　中学图书馆的藏书建设工作

第四，正书名中出现的章（回）数、卷（册）数等，需要以汉字形式著录在书名之后，且前面要加上"："标识。

（2）合订书名的著录。合订书名指的是由几本著作合订的图书，这种书没有共同的书名，且合订者既可以是同一个人也可以是不同的人。著录过程中需要将书名和责任者正确对应。

合订书名的著录需要注意以下三点。

第一，当合订著作为三部及三部以上，且责任者不是同一个人时，仅著录第一个书名和责任者，其余均在附注项中注明。

第二，在遇到不同责任者的两部著作合订时，应同时著录两部著作的书名及其责任者，并在两部著作中添加"-"标识。

第三，如果是同一责任者的两部著作合订，需要著录两部著作的书名，并在两者间添加"；"标识。

（3）并列书名的著录。在进行并列书名的著录时，需要注意：当同一本书的书名页上有两种以上相互对照的文字时，它们反映的用途、内容及性质是一致的，需要按照原题的顺序对并列书名进行著录。

（4）交替书名的著录。如果一本书在书名页上出现了两个交替使用的书名时，需要按照原题顺序对其进行著录，并用"，"来连接两个书名。

（5）副书名与说明书名文字的著录。副书名又称"解释书名"，它与正书名之间是从属关系，是对正书名的解释，通常位于书名页的正书名之后。在著录时需要注意：副书名与正书名之间要用"："连接；当出现两个副书名时，它们之间要用"，"标识。

（6）中学课本、参考资料的著录。中学课本、复习材料、教学大纲、教学参考书等，无论其采用什么样的排列次序，都视为一个完整的单纯书名著录。

2.出版发行项著录

出版发行项可以反映图书的出版时间、出版者、出版地、印刷时间、印刷者、印刷地等方面的内容。

（1）出版发行年。在著录过程中，出版发行年需要按照原题的纪年进行记录，"年"字可省去。如果发行年不是公元纪年，则需要在其后标注对应的公元纪年，并用"[ ]"括起来；如果遇到图书出版年不正确的情况，则需要先按照原题著录，再经核实后，用"[ ]"标注正确年份或在附注项中说明；面对分卷（册）图书，应按照最初和最后出版年进行著录，如果未出版齐全，则先著

045

录第一卷的出版年，待出版完毕后再著录最后出版年；对于那些没有出版年的图书，可通过推测著录其出版年份，并用"[？]"标识。

（2）出版发行者。一般情况下，图书的出版发行者应著录出版机构而并非机构的代表人；倘若没有出版者，可用经销者或发行者代替；当图书无出版者且无从查考时，需要标注"出版者不详"并用"[ ]"括起来；如果出版发行者与著者为同一人时，可用"著者"进行著录；当图书有两个出版发行者时，应在第二个出版发行者前用"："标识；当图书有三个出版发行者时，只著录第一个，后面用"……"标识。

（3）出版发行地。图书的出版发行地可以采用发行机构的所在地全称，如果发行地有误，则需要先照录，再将正确的地名著录在原发行地之后，并用"[ ]"括起来；当出版发行者名称可以反映出版发行地时，也需照录；当地名相同而出版地不同时，可在出版地后面标注国别或地区名称，并用"[ ]"括起来；当图书没有出版地时，可推测标注并在后面用"？"标识，如无法推测，可用国名或省名代替，并用"[ ]"括起来。

3.版本项著录

在进行版本项著录时需要注意，版次指的是图书的排版次数。除第一版之外，各版本都需要著录，如修订版、增订版等；版本形式指的是图书制版类型，如油印、复印、影印、胶印、铅印等，除胶印与铅印外，其他均需照录。

4.责任者项著录

在著录时需要注意以下几点。

（1）对于机关团体创作的著作，需要著录团体名称，如果团体下有个人姓名，则需著录个人姓名。

（2）如果没有责任者，可通过考证查找确定，并在附注项中注明"本社编"，并用"[ ]"括起来。

（3）对于外国责任者，需按原题著录，并在其姓名前用"（ ）"加入国别。若有中文译名，则需著录在外文姓名之前，用"="标识。

（4）当出现两个及两个以上的责任者时，需要按照书页上的顺序进行著录。对于修订、改编、注释过的著作需要先著录原著者，再著录修订者、改编者、注释者。

（5）对于翻译作品，应先著录原著者，再著录翻译者。若考证查找不到原著者，则将翻译者视为第一责任者。

（6）在著录清代之前的个人责任者时，需要在其姓名前用"（ ）"标注出朝代名称。

（7）责任者的头衔、职位、籍贯、出身等信息不予著录。

（8）三个以内的责任者，正常著录，并用"，"进行分隔；责任者超过三个时，只著录第一个责任者。

（9）歌曲先著录作词者，再著录作曲者。

（10）如果责任者为僧人，要在其姓名前加"释"，并用"（ ）"标识。

5.载体形态项著录

图书的载体形态项著录主要涉及以下几个方面。

（1）页数或卷（册）数。图书的页数包括正文页数与正文前后的其他页数。如果正文前后的内容采用单独编码，也可省略。页码数按单面计算；以图片为主的散页图片，需要用"帧、幅、张"计算页码；对于分册装帧的图书，如果各分册的页数采用的是单独编号，则需要著录总册数，如果各分册的页数采用的是连续编号，则需先著录总册数，再著录页数，且页数要置于"（ ）"内；如果是未装订的图书，不仅要著录页数，还要在页数后，用"（ ）"注明函数；单独著录的多卷或多册图书，其页数如果采用了连续编号，则需要著录起讫页码。

（2）附件。附件指的是与图书内容分离的附加材料，它与图书内容存在非常密切的关系。在著录附件时需要注意：附件的自身特点可用一般著录方法进行描述，并将著录的内容置于"（ ）"内；当附件具有连续出版发行者和题名时，需要与主要内容一起进行多层次著录；拥有题名的附件可单独使用，分散著录，但需要在各自的附注项中进行注明。

（3）尺寸。图书的尺寸需要以其封面的高度、宽度为准，一般只著录高度。

（4）图。书中的图主要包括附图、插图及冠图，可结合具体情况将其著录为"彩图""折图""插图""肖像""照片"等；如果图书的书名中出现"画册、图册、图解"时，则无须著录；通常情况下，除了涉及图书内容理解的插图外，其余插图可不著录。

三、丛书、多卷书著录

（一）丛书的著录

1. 丛书的定义

丛书又称"丛集、全书、丛刊、丛编、选刊"等，指的是由许多单独著作汇集在一起的出版物，它们拥有一个总题名。

2. 丛书的特点

（1）丛书的著者可以是一个主编或多个单独的著者，丛书的出版者可以是一家或多家联合出版。

（2）丛书既可以一次性出版，也可以分散编辑出版，但在装帧形态上需要保持统一的标志或设计。

（3）丛书的内容既可以是针对某个专题的，也可以是综合性的。

3. 丛书的著录方法

（1）整套丛书综合著录。这种方法主要适用于那些一次性出版发行，内容具有专题性且具有齐全书名目录和目次的整套丛书。

著录的正文需要将丛书的总书名与主编作为书名和责任项；出版年月以丛书中各分册的出版起止年月为准；将整套丛书作为载体形态项与出版发行项的对象；附注项中需要有子目，且子目中应著录出版日期、书号、丛书编号，以及责任者等。

如果是多主题的丛书或需要多角度检索的单册图书，也可将子目编目成丛书的分类分析款目，即每一单册书编制一条款目，再将其一次附于综合款目后作为子目，但要在综合款目上标注"子目附后"。此外，在编制目录时，也可将这些款目编入主题目录、责任者目录、分类目录及书名目录。

（2）分散著录。这种方法指的是对丛书中的每个单册著作进行著录，适用于多主题的丛书。在著录过程中，款目必须著录丛书项。

（3）先分散再综合著录。这种著录方法指的是先以丛书角度向读者反映整套书的入藏情况，再以分散著录为基础进行综合著录，其主要目的在于揭示丛书的全貌。综合款目中的子项目需要注明单册的索书号。

（二）多卷书的著录

1. 多卷书的定义

多卷书指的是同一著作分成多卷（册）出版，且每卷（册）都具有统一编次的书。多卷书与丛书不同，它在内容上是一个完整的整体。

2. 多卷书的特点

（1）多卷书的编次为卷、册、篇等，它们只能表示图书内容或数量，而不能单独成书。

（2）在著者方面，既可以是一个人，也可以是由多个人合作编著。

（3）在出版时间方面，既有根据卷次出版的，又有分散不按卷次出版的。

（4）在版式、装帧等形态方面，每卷（册）要保持一致。

3. 多卷书的著录方法

（1）多卷书通常都以整套著录为主、分卷著录为辅。当多卷书一次出版、一次到馆且只有一个书名时，主要采用整套著录，在版本形态项中只著录总的页数或册数即可。

（2）当多卷书一次到馆，且每个分卷（册）都具有各自的书名、责任者时，在著录过程中，需要将每卷（册）的书名、责任者、出版发行项、卷次号等在整套著录的子项目中标注清楚。

（3）当多卷书分散到馆时，主要采用分卷著录。在使用这种方法时，需要在总书名后面和索书号下面标注卷（册）号。

四、连续出版物著录

（一）连续出版物的定义

连续出版物指的是具有统一题名的印刷或非印刷出版物，这种出版物有卷期或年月标识，会定期或不定期以连续分册的形式无期限地出版。

（二）连续出版物的特征

连续出版物的特征主要有以下几点。

1. 收录内容的多样性

连续出版物收录内容的多样性，主要表现为虽然每种出版物都拥有一个总题名，且围绕同一个学科或主题，但每个单册都有着各自独立的内容或多方面的篇章与栏目。

2.文献类型的广泛性

连续出版物的文献类型非常广泛，它不仅囊括报纸、年鉴、期刊、指南，还包含专著丛书、学会会刊，以及系列报告等。

3.出版方式的连续性

连续性是连续出版物的本质特征。

（三）连续出版物的著录项目

连续出版物的著录项目主要有题名与责任者项，出版发行项，本馆收藏项，版本项，丛书项，载体形态项，卷、期、年、月或其他标识项，附注项等。

（四）连续出版物的著录方法

1.期刊的著录

由于期刊内容丰富且入馆收藏的时间长短不同，在著录的过程中需要做出一定的选择，即对那些需要长时间收藏的过刊进行正式著录，并组织期刊目录。

一般情况下，期刊著录的著录单位应为整套刊物。在中学图书馆中，期刊著录可选择相对简单的著录级次，即只著录正题名、第一责任者，出版年月，出版地、出版者，卷、期、年、月或其他标识项，部分附注，载体形态项，国际连续出版物编号等主要项目便可。

2.连续出版物论文索引的著录

论文索引可以有效反映连续出版物的内容，具有较强的技术性。中学图书馆可结合具体需求与自身条件，编制一些论文索引。论文索引通常采用分析著录法。

3.非杂志性连续出版物著录

非杂志性连续出版物的类型大体上可分为四种，即丛刊，文摘、提要等，年鉴、年刊、手册等，史料类型出版物。

（1）丛刊。丛刊指的是具有连续编号的不定期出版物。从邮局订购的丛刊需要按照杂志处理；在书店购买的丛刊，需要按照图书处理。丛刊通常采用整套著录法。

（2）文摘、提要等。这类出版物既包含定期的，也包含不定期的，需要按照期刊处理。

（3）年鉴、年刊、手册等。这类出版物有着非常系统、丰富的内容，是读者经常使用的参考工具书。这类出版物主要采用综合著录法。

（4）史料类型出版物。这类出版物具有统一序号，往往以不定期的形式出版，常采用综合著录法。

非杂志性连续出版物类型众多，在选择著录方法时应以便于管理、便于读者使用为主要原则。

五、机读目录格式

机读目录是一种以代码形式或特定结构储存在计算机中，并由计算机控制、处理、编辑输出的目录。

（一）机读目录的主要特点

机读目录的主要特点有：其一，可自动排序，检索点多，检索准确率高；其二，支持网上传输，可实现联机检索与合作编目；其三，只需要一次输入便可输出不同载体的款目；其四，体积较小，载体信息密度高，保存数据更方便。

（二）中国机读目录的结构

在中国机读目录中，一条书目记录就等同于一条款目，它可以完整地记录文献 的相关信息。按照特定顺序排列的记录集合（文件）就等同于一个功能齐全的手检目录体系。这种体系可在计算机的控制下输出主题、题名等多种目录。

（三）中国机读目录数据字段区的功能块

在中国机读目录中，数据字段区包含许多功能块，下面将对这些功能块进行一一介绍（见表2-2）。

表2-2　数据字段区各功能块介绍

功能块名称	特　征
主题分析块	记录各种主题检索点与分类检索点
责任者块	记录各种责任者检索点
著录信息块	记录题名与责任者项、出版发行项、丛书项、版本项等各著录项目

续 表

功能块名称	特 征
编码信息块	记录文献的内容类别、形态特征、语种等信息
相关题名块	由统一题名、并列题名、其他题名、编目员补充的附加题名等字段构成,主要包括作为检索点的本作品的其他题名
款目连接块	主要包括以数字和文字形式对其他记录的标准连接
国内使用块	主要设置馆藏代码、登录号、分类号、书次号、入藏卷次、年代范围等馆藏信息字段
国际使用块	记录编目机构名称
附注块	由一般附注、内容附注、提要和文摘、采访信息附注等字段构成,主要包括对作品各方面的文字说明

(四)计算机编目程序

计算机编目工作会对机读目录的质量产生直接影响,因此编目工作需要严格遵守相应的程序。

1.查重

查重指的是在分类号、责任者,以及题名等检索点查找是否有已编文献记录。倘若没有,就需要进行新编目工作。

2.套用与修改

套用与修改指的是通过下载相关书目数据库的数据等方式套用相关记录,并对套用的记录进行分析、修改或直接使用。

3.原始编目

当其他编目库中没有所需的文献信息时,编目员就需要进行原始编目工作。

原始编目工作的主要流程如下。

(1)阅读文献,分析其外形特征并将这些特征记录在"著录信息块"与"附注块"中。

(2)进行检索点的规范标目工作,建立规范文档。

(3)将分类号与主题词著录在"主题分析块"中。

（4）对图书情况进行分析，对于多卷书和丛书需要在"款目连接块"中著录总书名与子项目。

（5）在"国内使用块""国际使用块""编码信息块""记录头标区"著录相关记录。

（6）对编辑数据进行校对、修改。

（7）录入数据，将正确记录保存在数据库中。

第三章　中学图书馆的文献资源管理工作

作为中学图书馆的管理对象之一，文献资源不仅是图书馆的宝贵财富、服务读者的基本条件，还是实现图书馆管理目标的重要因素。因此，了解并进行图书馆文献资源管理工作是非常必要的。

第一节　文献的特征与种类

文献资源是中学图书馆为本校教育教学提供各项服务的重要物质基础，如果没有文献资源，中学图书馆将无法正常运转，中学的教育教学工作也会受到很大的影响。

一名合格的中学图书馆管理工作者，必须对图书馆的文献资源及其种类有所了解。

一、文献的定义

文献是人类脑力劳动成果的重要表现形式之一，是记录知识的一切载体，包括报刊、图书等纸质出版物，以及计算机文档、缩微资料、影像资料、录音资料等非纸质类资料。

二、文献的特征

中学图书馆文献信息资源主要有以下特征。

（一）保存性

中学图书馆文献信息资源是在一定计划与目标的前提下，经过一定时期的积累与保存而形成的。

（二）再生性

作为一种珍贵的资源，中学图书馆文献信息资源不仅能被开发和利用，还能进行复制与传递。

（三）加工性

中学图书馆文献信息资源在入馆后需要进行分编加工与技术处理。

（四）共享性

中学图书馆文献信息资源可以被个人和团体共同使用。

三、文献的种类

以文献信息的载体形式为依据，现代文献可分为两大类：一类是印刷型文献，另一类是机读型文献。

（一）印刷型文献

1. 图书

图书指的是将文字、图画，以及符号手写或印刷在纸张等形式的载体上并具有一定篇幅的文献。

2. 报纸与期刊

（1）报纸指定期刊载评论和新闻的出版物。

（2）期刊指拥有统一的题名、卷期或年月标识，以定期或不定期的形式连续分册出版的无限期出版物。

3. 特种文献

特种文献指出版形式比较特殊的文献资料，它也被称为"不定期出版物或丛刊"。这种文献大部分不会公开发行，如学位论文、专利出版物、会议文献、产品资料、技术标准、科技报告等。

（二）机读型文献

机读型文献指的是以感光材料、磁性材料为载体，以计算机或其他相关设备为录入手段的电子文献资料。

1. 视听文献

视听文献也被称为"声像资料或多媒体电子文献资料"。它是一种以电磁材料为载体，以电磁波为信息符号，对图像、声音进行记录的动态型文献资料，常见的有录音带、录像带、唱片、电影、幻灯片等。

2. 电子文献

电子文献指的是以网络为载体与传播媒介、以多媒体为内容特征的文献。这种文献具有交互性、多样性等特征。电子文献无论是在出版发行阶段，还是在阅读阶段，都不需要纸。

3. 缩微文献

缩微文献主要包括缩微卡片、缩微胶卷及缩微胶片。

第二节 中学图书馆文献资源馆藏体系

文献资料数量庞大，包罗万象，想要将其全部收藏到图书馆内是不可能的。中学图书馆的主要任务是为本校的教研、教育教学工作服务，这也就决定了其馆藏文献的内容和种类必须与本校的教育教学相适应。

下面将对中学图书馆文献资源的馆藏范围与馆藏比例进行介绍。

一、中学图书馆文献资源的馆藏范围

（一）教学用书

教学用书主要指的是在各学科的教学过程中，教师指定的学生必须阅读的主要参考书与一般参考书。它的主要特点如下。

1. 规律性强

教学参考书的使用与教学环节、教学内容密切相关，读者可以结合教学过程中的实际情况提出需求。

2. 规定性强

教学参考书往往在作者、书名及版本方面都有着明确的要求。

3. 复本率高

由于教学参考书的使用时间与使用人数都相对集中，必须配备一定数量的

复本才能更好地满足使用需求。

中学图书馆需要结合学生人数与课程层次，有计划地购入相关的教学参考书，再结合教学参考书的内容质量与出版数量，配备定量的复本，以此构成合理的教学参考书体系。

（二）教研用书

教研用书主要指的是教师在教学研究过程中需要查阅或参考的文献资料。这种文献资料的特点有以下几点。

1. 范围广、数量大

通常情况下，教研用书分散在各种类型的文献中，需要利用特定的检索工具才能将其集中起来。

2. 种类多、册数少

教研用书通常不需要复本，但更注重图书种类是否齐全。

3. 更加全面、系统

中学图书馆的教研用书主要是为了更好地完成教学任务而准备的，无论从形式上来看，还是从内容上来看，教研用书都是非常系统且全面的，它包括教学方法、教学内容及教育学等诸多方面的知识性文献。

中学图书馆在选择收藏教研用书时，凡是与教研任务、教育教学方面相关的文献资料都需要重点入藏，其中也包括外文文献。文献类型除了要有图书、内部资料、期刊，以及其他连续出版物外，还应包括相关的检索工具书与参考工具书。

（三）课外读物

课外读物指的是为了扩大知识面、提升思想觉悟、丰富文化生活、促进读者的全面发展而入藏的文献资料。其主要特点有以下几点。

（1）课外读物具有较大的灵活性，如果缺失某种图书，可用题材相同或内容相近的图书代替。

（2）由于不同读者的爱好、兴趣存在较大差异，使用这类文献资料的随机性较大，很难把握其中的规律。为了更好地满足读者需求，这类文献的收藏范围应尽可能广泛一些。

（3）读者对这类图书的要求主要有艺术水平高、知识性强，具有一定的教育意义与感染力。

中学图书馆管理工作实践与创新研究

中学图书馆在保证教学用书和教研用书的基础上，要尽可能全面、广泛地选择艺术水平高、知识性强且具有一定教育意义与感染力的文献资料入藏。

（四）本校的出版物、印刷品

中学图书馆作为本校的文献资料情报中心，有义务完整收藏学校出版的各类文献资料，其中包括教学大纲，教材，教研计划，讲义，参考资料，本校学生的科普小品、优秀作文，以及教师的专著、译著、学术论文等。此外，那些与国外建立了良好关系的中学图书馆，还应该适当收藏一部分与友好国家相关的文献资料。

（五）视听资料与电子出版物

随着电子技术和声像技术的应用与普及，视听资料与电子出版物逐渐在教学领域中发挥着越来越大的作用，对此，中学图书馆应该适当搜集并收藏一些这方面的文献资料。

中学图书馆在收藏这类文献资料时，需要注意以下几点：第一，选择文献资料的内容要与教研、教育教学相关，并对扩大读者的知识面起到积极作用；第二，在选择入藏文献资料时，要注意文献资料的出版社与发行单位，以专业出版社出版的图书为主；第三，坚持实用、适用的原则，在充分结合学校具体条件的基础上，尽量选择质量高一些的电子出版物。

二、中学图书馆文献资源的馆藏比例

中学图书馆在收藏各类文献资料的同时，还需要注意两种比例关系，即重点藏书与一般藏书的比例，学生用书与教师用书的比例。

（一）重点藏书与一般藏书的比例

重点藏书是结合图书馆的社会任务与读者需求，而收藏的部分领域、学科或专题内的较为完整、系统的文献资料。作为图书馆的主题与核心，它能在很大程度上反映图书馆的发展方向。中学图书馆的重点藏书包含了教研、教育教学、教改等诸多领域的文献资料，它在中学图书馆所有藏书中的比重约为60%。一般藏书指的是除重点藏书之外的藏书，主要包括普通参考书、通俗刊物、文艺书刊，以及帮助学生读者提升学习能力的文献资料，它在中学图书馆总藏书中的比重约为40%。

（二）学生用书与教师用书的比例

中学图书馆的主要服务对象为学生读者与教师读者，但通常学生读者的数量远远高于教师读者，因此学生用书应该占藏书总数的约70%，教师用书应该占藏书总数的约30%。根据中学图书馆的社会任务与广大读者的需求情况，中学图书馆可参考以下几个方面安排藏书的比例。

与本校的教育教学工作有关的工具书，如手册、百科全书、词典、目录索引、字典、类书、教育年鉴等，应占全部馆藏的10%左右。

具有学术特征、职业特征的，与教育教学相关的政策、教改、动态、法令、文件等方面的文献资料，如各科的试题汇编、教学参考书、升学考试试题手册、训练单元、课堂教学纪实、先进教学法、优秀教师手册、教育、教改方面的优秀论文、教学法、优秀教案，以及最新的教育信息资料等，应占全部馆藏的60%左右。

具有教育性、共性的科学领域的文献资料，如美学、社会科学、心理学、哲学，以及有关革命传统、人生、理想、高尚道德情操教育等方面的文献资料，应占全部馆藏的5%左右。

具有艺术性与思想性，能陶冶情操、丰富学生文化生活的文学著作，如诗歌散文、侦探推理小说、历史故事、名人传记、中外名著等，可占全部馆藏的15%左右。

能开阔学生眼界、满足他们课外阅读需求的文献资料，如科幻小说、知识天地等普及读物，可占全部馆藏的10%左右。

第三节　中学图书馆文献资源的分类

文献分类是中学图书馆组织、揭示藏书的一项重要工作。下面将围绕文献资源分类的基本概念、作用、规则及程序展开论述。

一、中学图书馆文献资源分类的基本概念

想要了解文献分类，首先要了解"类"和"分类"的概念。

类指的是拥有某个共同属性的个别事物的集合，表明某些个别事物共同拥有的一种属性。事实上，存在于客观世界的事物都存在着各种各样的属性，拥

有相同属性的事物会变成一类，而拥有不同属性的事物则会成为另一类。类在文献体系中也被叫作"类目"，是构成文献分类体系的基本单元。在文献分类领域中，一类文献指的是拥有某种相同性质的一组文献。每个类目都需要有一个相应的名称（类名），来代表该类的内容与性质。类名除了能体现出类目概念的名称外，还能规定该类包含的范围及具有的特殊性质。以"初等教育"为例，它不仅能与"高等教育""中等教育"区别开来，还规定了凡是以纵向教育体系中的级别为分类依据的，且涉及初等教育的内容，都属于这一类，如初等教学组织、初等教学法等。此外，类名也应尽量简洁、准确。

分类是一个划分的过程，它指的是将事物的本质属性或其他较为显著的属性作为依据，将属性相同或相近的事物归类到一起，将属性不同的事物区分开来的过程。它同样是人们认识事物、组织事物的一种重要逻辑方法。以事物的本质属性为依据，其主要原因在于事物的本质属性能够揭示出事物之间的本质区别与内在联系；但本质属性并非区分事物的唯一标准，将事物具有的其他显著属性作为分类依据也是可行的。

在掌握"类"和"分类"的概念后，我们再理解文献分类也会更加容易一些。文献分类是以文献的特征与属性作为分类标准的，其中的属性既包含内容方面的，又包含形式方面的。内容方面的学科知识属性是文献的本质属性，也是文献分类的主要标准；而形式方面的属性则是文献资料的其他特征，是文献分类的辅助标准。主要标准是我们在进行文献分类过程中首先采用的标准；辅助标准是我们在文献分类过程中，当主要标准无法正常使用时而采用的标准。采用的标准不同，得到的分类结果也是不同的。以《哲学词典》为例，此文献的学科内容与哲学相关，因此应将哲学作为主要标准；而它的编辑体例是文献形式方面的属性，应作为辅助标准。在分类过程中，我们需要先按主要标准将其划分到 B 大类（哲学、宗教类），如果此标准在特殊情况下不宜使用，则应按照辅助标准将其归入 Z 大类（综合性图书），但同时需要利用组配法说明该文献的内容是与哲学相关的。

文献分类法指的是一种以文献资料的内容知识属性与其他特征为依据，以分类法为工具，对馆藏文献进行系统性的组织、揭示的方法。这一定义体现了四层意思。

第一层意思：文献分类的主要对象是图书馆及情报所搜集、使用的各种知识载体，如各种类型的图书、期刊、学位论文、文献会议、科技报告、专利说

第三章　中学图书馆的文献资源管理工作

明、技术标准，以及计算机阅读型、视听型、缩微型等各种类型的载体。

第二层意思：文献分类的主要目的在于按照学科知识系统性分门别类地组织、揭示文献资料。也正因如此，它才与主题法有所区别。主题法可以将拥有相同主题的文献资料集中在一起，但无法很好地体现出知识内容间的学科性质区分与联系；而分类法不仅能将拥有相同性质的文献资料集中在一起，还能将同一主题的资料分散。因此，主题法适用于特性检索，分类法适用于族性检索。

第三层意思：文献分类的主要依据是其学科知识属性及其他显著特征。其中，学科知识属性包括学科理论、研究对象与问题、学派、学说、生产工艺、实验方法，以及研究对象涉及的环境、时代和地域等；其他显著特征指的是使用对象、载体形式、参考工具书的种类，以及出版物的类型等。

第四层意思：文献分类的工具是图书分类法。作为一种重要的情报检索语言，图书分类法不仅可以为检索人员的分类标引工作提供可靠的统一标准，还可以将各种文献资料按照学科知识内容与显著特征汇集在一起，便于人们检索利用。但初学者只了解基本的分类规则是不够的，还应该进一步掌握分类法的组配方法、复分表、标记符号、结构体系及编制原理等，因为只有这样才能更好地完成文献的分类标引工作。

二、中学图书馆文献资源分类的作用

文献分类的主要目的在于按照学科知识的系统性组织、揭示图书资料。与之相应，它的作用也主要体现在组织分类排架与编制分类目录两个方面。

（一）组织分类排架

所有图书馆都必须按照一定的方法对馆内藏书进行组织，让每本图书都拥有特定的排列位置。中学图书馆的图书有很多排列方法，其中，比较直接且能收获理想效果的方法就是分类排架法。分类排架的优点主要体现在以下四个方面：其一，可以按照类别统计馆内图书的借阅情况，了解读者的喜好；其二，有利于提升开架借阅的质量；其三，有利于图书管理人员熟悉、研究藏书；其四，有利于体现藏书的学科系统性。对中学图书馆而言，分类排架也是比较便捷、理想的管理方法，对开架借阅有很大的帮助。

（二）编制分类目录

图书馆通过文献分类法揭示文献资料，主要体现在编制分类目录上。分类目录是一种按照分类体系组织的目录，这种目录在我国的使用率较高，它不仅能使图书馆管理者按照分类目录向读者推荐各种好书，更好地指导读者阅读，还能帮助读者按照学科门类来检索图书。

文献分类统计是站在藏书知识门类的角度上，来说明图书馆藏书的入藏与流通情况为图书馆工作计划的制订、各项工作的开展，以及任务完成情况的评估提供可靠的数据。中学图书馆可以通过分析这些数据，发现图书管理工作、读者工作的不足，寻找改进工作的有效途径，进一步推动图书馆事业的发展。

此外，我们还应明确一点，那就是组织分类排架与编制分类目录在检索文献资料方面发挥的作用是不同的。分类排架要求同一种文献只能有一个主要的分类号，且分类号要尽可能简短；而分类目录则要求分类号要详尽，不仅如此，分类目录还可以通过分析、参见、详见及组配等多种方式提供多条检索途径。因此，在中学图书馆文献资源分类过程中，既要注重分类排架，又要保证分类检索系统的检索效率。

三、中学图书馆文献资源分类的规则

我们在中学图书馆文献分类法的实践过程中，积累了许多经验，有了这些经验后，中学图书馆的文献分类工作逐渐实现了准确、一致，并最终形成了一定的规则。这些规则主要有三大类，分别是基本原则、一般规则，以及特殊规则。

（一）基本原则

基本原则是贯穿整个分类标引工作的中心规则，其基本内容有以下几点。

第一，文献分类标引必须将文献反映的学科属性作为主要标准，将其他属性作为辅助标准。在文献分类过程中，需要以主要标准为主，当主要标准不适用时才能以辅助标准来分类。辅助标准包含文献资料的国家、时代、文种、载体形态、区域等。

第二，文献分类应该选择最贴合其内容、最能体现其用途的类目。这也就意味着，我们在文献分类过程中，不仅要考虑文献的学科属性，还要充分结合本馆的特点、任务、性质等，为图书文献找到能充分发挥其自身价值的类目。中学图书馆的文献资源分类应从师生读者的角度出发，将馆藏文献分入他们最容易检索到的类目中。

第三，在文献分类过程中，要注重逻辑性、等级性与系统性。凡是能分入

某一类的文献，必定带有上位类的属性。也就是说，能被分入下位类的文献，也一定能被分入上位类。

第四，在文献分类过程中，还要分清总论、专论，并将其恰如其分地分入对应的类目中。那些概括性、综合性较强的，专门论述某一学科研究的著作，都应分入总论中；那些专门研究某个问题的文献，则应分入专论范畴。

第五，在对文献资源分类时，不能只根据书名进行标引，还需要适当结合文献的目录、文摘、内容提要等，这样才能更加准确地掌握文献的主题。大部分图书的题目都能在一定程度上揭示图书的学科属性或内容，但也存在一部分特殊情况。例如，《钢铁是怎样炼成的》这本图书如果仅凭借书名进行分类，很容易会将其错误地分到冶金工业类，但它实际上是一本外国小说。

以上是中学图书馆文献资源分类的基本原则，图书馆管理者在实践过程中需要充分结合本馆的分类规则，具体情况具体分析，实现有效、精准的文献分类。

（二）一般规则

一般规则是由文献著述的体例、体裁及出版形式的不同而形成的，在文献分类标引时需要遵守的规则，它诞生于各学科、类目的文献资料的分类标引过程中，具有一定的普遍意义。

文献资料有很多属性，且每种属性的分类标引方式也有所不同。这些属性包括论述主题的数量、学科属性、载体形式、编辑出版形式及写作方式等。下面将围绕不同属性的文献分类方法展开论述。

1.单主题文献资料

单主题文献资料的分类规则如下。

（1）通常情况下，单主题文献资料需要按照文献资料的学科内容进行分类。

（2）从不同的学科或方面来对同一主题的文献进行研究，需要结合研究的学科性质进行分类。以《粮食的加工与检验》和《粮食作物的种植》为例，虽然它们的主题同样都是粮食，但因研究角度的不同，就需要归入不同的类别中。

（3）对于那些从几门学科综合论述一个主题的图书，需要按照该图书主题的主要学科进行归类。以《水稻》为例，该书介绍了水稻的栽培管理、加工储藏、进出口贸易等多个方面的内容，在分类时应该将其归入"农业"一类。

（4）论述相同主题两个及两个以上方面的书，如果论述的是同一学科的同一类别，就需要归入上位类；如果论述的是不同学科，就需要按照书中论述的主要方面的学科进行分类。

2.多主题文献资料

多主题文献资料指的是论述了两个或两个以上主题的文献资料。中学图书馆在对这类文献资料进行分类时，需要首先明确该书不同主题间的重点与关系，其次才能按照其中最具代表性的主题对该图书进行分类。多主题之间的相互关系主要有以下几种。

（1）并列关系：按篇幅较多的、重点的或在前的主题进行分类。倘若有几个并列主题同属于一个上位类，则归入其所属上位类。例如，《三角和代数》中论述的两个主题同等重要，因此在分类时应将其归入上位类，也就是"初等数学"。

（2）因果关系：按照结果进行分类。在对论述某个主题多个方面结果的文献进行分类时，需要按照其产生原因的主题进行分类。以《经济改革对人们价值观念、生活方式和职业选择的冲击》为例，该书主要论述的是经济改革引起的多个方面的变化，因此应归入"社会经济结构与体制"中。

（3）从属关系：当图书文献中的各主题之间处于从属关系时，通常应该将其归入上位类，但如果该书的重点是较小主题时，则应按照较小主题进行分类。以《生物与仿生》为例，该书的重点是仿生学，因此应将其归入"仿生学"一类。

（4）比较关系：当文献中论述的主题之间处于比较关系时，需要按照著者所要论述的主题进行分类。以《中印近代文化比较研究》为例，该书主要论述的是印度文化，因此应将其归入"印度近代文化史"中。

（5）应用关系：按照应用的主题分类，但如果该书综合论述了一个主题在多个方面的应用，则需要按照该主题的学科性质进行分类。例如，《超声波的应用》主要论述的是超声波在各方面的应用，因此应归入"超声波的应用"一类中；又如，《心理学与中小学教育》主要论述了心理学在中小学教育中的应用，应将其归入"教育心理学"中。

（6）影响关系：按照被影响的主题进行分类。当图书文献论述了某个主题在各方面的影响时，应按照其产生影响的主题进行分类。以《航海气象》为例，该书主要论述了气象对航海方面造成的影响，在对其进行分类时，应将其归入"航海学",而不是"气象学"。

（三）特殊规则

1. 工具书

工具书指的是专门供人查阅的特殊类型的文献资料。它是从社会需要的角度出发,将广泛收集而来的资料按照一定方式进行编排而成的。工具书种类丰富,按照其功能特点来划分,可分为年鉴、词典、字典、手册、百科全书、索引、历表、文摘、书目、年表、图谱、地图等；从文献分类标引的角度来看,还可分为语言工具书、检索工具书及参考工具书。

（1）语言工具书。语言工具书有以下几种。

①用本种语言、文字注释本种语言文字的词典、字典。这种工具书通常需要归入本种语言的"词典、字典"中。本种语言的专门词典归入本种语言的"词汇、方言、语音"等类中。

②两种外语对照的词典。这种工具书需要归入前一种外语,必要时也可在后一种语言类做互见标引。

③汉语与外语对照的词典。这种工具书通常要归入前一种外语,必要时可在"汉语的词典"类做互见标引。

④汉语与少数民族语言对照的词典。这种工具书需要归入少数民族语言的类别中,必要时可在"汉语的词典"类做互见标引。

⑤三种及三种以上的语言对照词典。这种工具书需要归入"语言文字词典"类。

（2）检索工具书。检索工具书是专门用来查找线索的,常见的有索引、文摘、书目等。无论是专科性检索工具书还是综合性检索工具书,都应归类到"综合性图书"中,再利用组配符号进行组合。图书馆也可根据自身需要将其归入相关学科的分类中,但必须用总论复分表进行区分。

（3）参考工具书。参考工具书是一种可以帮助人们查找所需资料、实例、数据的工具书,常见的包括年鉴、手册、百科全书及词典等。通常情况下,如果工具书具有专科性,则需要按照其学科内容归入相应的学科；如果工具书具有综合性,则需要将其归入"综合图书"类。图书馆也可根据自身规模进行一定的调整,规模较小的图书馆可以对专科性工具书进行集中处理,即先按图书的编著形式将其归入"综合性图书"一类,再按照其所属学科进行细分,采用组配编号法,按照所用分类法的序列排列。这种方法的优势在于可以将各类参

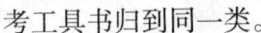

考工具书归到同一类。

2.连续出版物

连续出版物主要包括丛书、多卷书、年度出版物、会刊、期刊、年鉴等。下面将围绕丛书、多卷书的分类方法展开论述。

（1）丛书。这类图书虽然在内容上没有太强的连贯性，可以独立存在，但往往都有一个中心主题。丛书的分类标引可分为两种，一种是集中分类标引，另一种是分散分类标引。

①集中分类标引：按照整套丛书中心主题的所属学科进行分类标引，还要再加上总论复分表中的号码。

②分散分类标引：按照丛书中每种书的主题所属的学科进行分类标引。

丛书选择集中分类标引还是分散分类标引需要依据以下几点。其一，图书馆自身的方针任务与读者需求，既要方便使用又要便于管理；其二，编者的创作目的，以及丛书自身的知识程度，通常情况下，难度较浅且具有普及性的图书文献适合用集中分类标引，技术性较强且具有学科性的图书文献适合用分散分类标引。但对于那些专门为某个问题而编制的丛书，应该尽量选择集中分类标引，不然便会失去编制丛书的意义。

（2）多卷书。这类文献有总书名，且各卷册自成一个单位，部分卷册有自己的名称。多卷书主要采用的是集中分类标引，即不管卷册是否收藏完整，都按照其总主题所属的学科进行标引。这样不仅方便管理、可以及时补充馆藏，还有助于读者进行检索利用。如果多卷书中的各卷有独立的内容，也可采用分散分类标引。

3.教科书、教学参考书

这类图书文献通常以中学为界限，普通中学以下的教材、教学计划、教学大纲等教学用书，以及根据各科教学需要、内容特点编写的各种教学参考书、课外读物等，均归入"教育"类；中专及中专之上的教学用书一律按照其学科内容归入相关学科；职业中学的教学用书属于中学文化基础课程的图书，归入"教育"类，属于职业中学专业课教育教学参考用书等按照其所属学科归入相应的学科类别。

4.地图

关于地图的分类，与某一学科相关的专门地图，需要按照其所属学科进行分类；属于自然地理方面的地图、图谱，需要归入"自然地理学类"。

5. 特殊载体形态文献

这类文献主要包括缩微资料、机读资料、视听资料等。虽然这类资料在中学图书馆中的数量相对较少，但也需要对其进行准确的分类。凡是与学科内容相关的文献资料，应按照其所属学科进行分类，并在其分类索书号前加上相应的载体代码，分类目录与图书一起组织，在排架时选择单独排架，即凡是有载体代码的文献资料都需要单独收藏。

四、中学图书馆文献资源分类的程序

图书馆的文献分类工作如同工厂流水线的生产程序，每个环节都会对工作效果产生很大的影响，因此，文献分类工作必须按照一定的程序进行。

（一）文献分类前的准备工作

1. 选择分类法

分类法的质量会对文献分类的质量产生直接影响，因此分类法的选择对图书馆的文献分类工作至关重要。图书馆在开展文献分类工作前，首先要做的就是充分结合本馆的发展方向、馆藏特点、读者需求等因素，选择适合自己的文献分类法。中学图书馆则需要结合本校的教育教学任务、发展规划，学校与图书馆的规模、特点等，选择最适合本馆的文献分类法。分类法一旦确定，便不能轻易改动，否则会影响文献分类的连贯性，阻碍图书馆各项工作的顺利开展。

2. 图书分类法使用本的调整

图书分类法使用本指的是根据本馆的检索需求、藏书情况，对选用的通用标准图书分类法的部分类目进行调整形成的适合本馆使用的规范化准则，简称"使用本"。

使用本的确定主要是对类目的详简程度进行调整规定，如增设类目、集中类目、修改类目，以及细化类目等。中学图书馆在进行该工作的过程中，对于藏书量较大的学科类目应尽量详细一些；对于藏书量较小的学科类目则需要简略一些，同时，要兼顾其发展性。比如，某个学科类目虽然目前的藏书量较小，但有着良好的发展前景，且收藏数量很有可能增长，对此，该类目就需要更加详尽。关于类目的详简程度，详可至最后一级类目，甚至是扩充细化类

目；简可至第一级类目。此外，专用复分表、通用复分表等，也需要在充分结合本馆具体情况的基础上做出详细的规定。总之，无论做出什么样的规定，中学图书馆都需要从本馆的实际情况出发，兼顾图书馆的未来发展，尽最大努力让调整后的使用本具有一定的稳定性。

3.明确分类细则

明确分类细则的主要作用在于保证分类工作的连贯性与稳定性，避免意见不一或人员变动而导致同类文献被分入不同的类别中。细则一旦制定便要严格贯彻执行，不得随意更改，只有这样才能保持分类的一致性，做到准确分类。明确分类细则主要包含以下内容。

（1）分类工作的各项程序及要求。

（2）明确使用本的分类原则与方法。其中包括分类深度的规定、索书号的组成编制，以及标记符号的使用等。

（3）特殊体例文献的分类处理原则。例如，多媒体文献、地图等特殊载体文献的分类方法；在什么样的情况下对多卷书进行分散处理或集中处理等。

（4）图书分类工作的质量评估，以及考核验收方法等。

4.准备必要的工具书

在文献分类过程中，工作人员难免会遇到一些需要依靠工具书才能解决的问题，因此准备一些常用的工具书是非常必要的。常用的工具书包括《辞海》《英汉大词典》《中国大百科全书》《现代汉语词典》等。同时，这也要求图书馆工作人员能够熟练使用年鉴、百科全书、手册、字典和词典等。

（二）查重

查重也称"查复本"，是文献分类工作的首要程序，它指的是查明需要分类的文献在本馆中是否处于已收藏状态且已经被分编过。此环节的主要目的在于避免复本书重复分类，书号出现前后不一致的情况，也就是同书异号的情况。查重工作需要以公务书名目录为参考，与图书资料的各拟著录项目进行一一对照。在此过程中，工作人员会遇到以下几种情况，每种情况都有不同的处理方法。

1.新书

对于从未分编收藏的新书，需要另行分类标引。

2.复本

在对文献的复本进行分类时,需要将原文献的索书号记录在复本的书名页上,并标注该文献为复本。

3.某书的解答、索引、续编等

如果馆内已收藏了原文献,则需要将原文献的索书号标注在需要分类的文献上,并写明特别区分号,以保证与原文献的一致性。

4.同一种书的不同版本

同一种书的不同版本即内容上有所修改的文献。这种文献虽然不做复本处理,但仍然需要抄录原文献的索书号,再标注修改区分号或版本区分号。完成分类后便可准备下一步的著录工作。

(三)主题分析

主题分析指的是在对文献资料的主要内容及各构成部分进行浏览后,判断其主题性质的过程。主题分析可以让工作人员对文献的内容、论述角度、学科属性、研究对象,以及著者的创作意图有更加深入的了解,并在一定程度上保证分类工作的准确性。在这个环节,工作人员可以采用多种方法进行主题分析。

1.详审书名

通常情况下,书名能够概括文献的主要内容,但在分类过程中,不能只凭书名而决定书的类别。例如,《铁皮鼓》并不是一本论述乐器的书,而是一本小说。

2.查看内容提要

内容提要会对整本书的内容进行简明扼要的提炼与概括,是我们快速了解文献的有效途径。通过查看内容提要,工作人员可以掌握著者的写作意图、图书的主要内容等。

3.检阅目次

目次指的是文献的纲目,它能将全书的内容编排、范围等简要地反映出来。

4.阅读文献的序与跋

通过阅读文献的前言、序、后记等,工作人员能有效掌握该书的写作目的、体裁、评价,以及编制过程等内容,对判断文献的主要观点、政治立场等有很大的帮助。

5.利用工具参考书

图书馆工作人员在判断图书的主题、性质、类别的过程中,可能会对某个时代、人物、国家、名词及定义等产生疑问,此时便可通过查阅工具书的方式来解决。因此,图书馆负责文献分类工作的人员应该熟练掌握工具书的使用方法。

6.了解出版社

在我国,出版社的性质往往决定了它们的社会分工。例如,教育出版社主要出版教育类型的图书,文学出版社主要出版文学方面的图书。

在主题分析这一环节中,有时只依靠个人的力量是不够的,个人的知识面存在一定的局限性,因此在工作过程中工作人员要善于发挥集体的力量,在遇到难以抉择的问题时,可以通过集体讨论、请教高级专业人员的方式,慎重做出结论。

(四)类别判断

类别判断是根据文献资料的本质属性,在图书馆使用本上找到相应类目的过程。在此过程中,工作人员需要利用各种方法识别分类标引体系结构、收书范围,以及类目含义。

(五)标引类号

标引类号指的是用文献分类法中的类号表达文献资料主题性质的标识过程。图书被归入某个类目后,需要按照本馆的使用本与分类表安排类号,这个类号不仅是该文献在文献排架中的位置号码,还是其在分类目录中主要款目的分类号。此外,工作人员还可以通过"分析""互见"等方式给出分析分类号、互见分类号,以及附加分类号等,这种分类号只能用于组织读者分类目录。由于馆藏文献大部分都是按照分类方式进行排架的,同一个类号往往对应着很多文献资料,为了更好地排列、区分这些文献,在标引类号后还需要编书次号。藏书排架中的分类号与书次号也被统称为"分类索书号"。

(六)校验审核

校验审核是文献分类工作中的最后一个环节,通过这个环节工作人员可以更全面地检查文献分类的质量。校验审核的内容有以下几点。

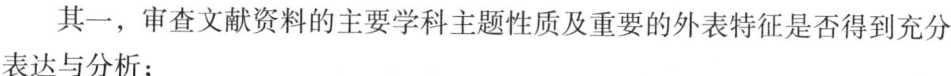

其一，审查文献资料的主要学科主题性质及重要的外表特征是否得到充分表达与分析；

其二，检验类目的判别是否恰当准确；

其三，核查类号是否完整、充分，是否与馆藏的同类书归类一致，分析分类号、互见分类号是否标引；

其四，核查索书号是否达到要求，如果发现图书索书号相同的情况（复本除外），则需要对书次号进行调整。

校验审核是对文献资料分类工作进行的最后把关。它要求工作人员具有高度的责任心，能细致、认真地完成工作任务。如果条件允许的话，中学图书馆可安排两个以上的人员来完成分类标引工作，通过他们之间的互相检查实现客观、公正的目的。

第四节 中学图书馆文献资源的共享

近几年，我国中学图书馆在业务工作规范化、基础设施、建馆数量、藏书数量，以及工作人员业务素质等方面得到了较大的完善与提高，馆际协作方面也有所发展。从整体角度来看，我国中学图书馆已经初步形成了地区性的中学图书馆协作协调活动，这些活动有力地推动了我国中学图书馆事业的发展。

一、实现中学图书馆文献资源共享的意义

图书馆网络是近代图书馆事业发展的产物，它将分散在各地区、各系统的图书馆聚集在一起，统一规划、统一领导、统一行动，进而形成了一个脉络贯通、分工协作的图书馆体系。统一的图书馆网络既能有效推动图书馆工作的现代化，又能实现对全国图书资源的合理分配与利用。此外，馆际合作是图书馆资源共享的重要前提，而随着资源共享的不断发展及其范围的扩大，图书馆之间也必然需要开展形式多样的各种合作。

图书馆文献资源共享指的是不同图书馆之间互相分享各自的文献信息资源，以便为读者提供更好的服务。从某种意义上来说，资源共享是图书馆的一种工作方式，这也就意味着图书馆的部分功能甚至是全部功能都能被其他图书馆所共享。而图书馆的功能包括文献的收集、加工、保存及传播服务等。不仅

中学图书馆管理工作实践与创新研究

如此，图书馆的资源不仅包含馆内藏书还包含图书馆的设备、工作人员，以及工作成果等，这些资源也能通过某种方式实现共享。因此，从广义层面来看，图书馆在文献收集、加工、保存等方面都可以进行馆际合作，实现资源共享。

中学图书馆之间进行馆际资源共享，是教育教学与科学文化发展的需求，同时是中学图书馆事业自身发展的必然结果。随着人类知识总量的不断上升，出版物数量在持续激增，这也导致任何一个图书馆都无法将全部的图书出版物收藏齐全，因此，只有通过不同图书馆之间的合作、沟通，才能进一步满足广大读者的各种文献需要。同时，由于科学领域的不断扩大，许多分支学科与专业随之涌现出来，这些学科和专业之间又相互渗透、相互交叉，进而衍生出了一大批综合学科与边缘学科；近年来，书刊价格的上涨使得师生读者的购买力下降，有更多读者将图书馆作为获取知识的重要途径；随着师生读者自身阅读意识的上升，他们对图书馆的依赖性也变得越来越强。以上因素都使师生读者对中学图书馆的利用需求变得更加强烈，而中学图书馆还面临着经费不足的问题，想要凭借自己馆内的藏书来充分满足各类读者的不同需求几乎是不可能的，因此它们对馆际合作、资源共享也就产生了更加迫切的需求。

总之，中学图书馆要想在文献资料数量激增、读者需求不断变化、经费有限的情况下得到更好的发展，就需要加强馆际协作，实现文献资源共享。

（一）为充分发挥中学图书馆的作用创造条件

中学图书馆肩负着为教育教学提供服务的重要使命，它主要通过图书文献与特殊媒介协助中学教师完成教学研究，引导中学生形成正确的世界观、人生观、价值观，扩大知识视野，激发他们的阅读积极性与学习兴趣。但部分中学图书馆在藏书质量、图书经费、藏书数量等方面不仅很难满足广大读者的各种文献需求，还严重影响了自身作用的有效发挥。因此，加强与其他图书馆间的协作，实现资源共享是充分发挥中学图书馆作用的重要条件。

（二）提升文献资料的利用率

文献资料利用率，即图书馆中被读者借阅的图书占全部藏书的比重，它能反映学校图书馆文献资源的利用情况。在中学图书馆的众多藏书中，并非所有的图书都能得到合理利用，其中，有的图书只是少数学科教师偶尔用下；有的图书馆长期满足于自给自足的状态；有的图书馆会将珍贵的教研资料束之高阁等，这些都导致了文献资源的浪费。对此，要想改变这些情况，有效提升中学图书馆文献资料的利用率，就需要建立中学图书馆的协作网络，实现文献资源

第三章 中学图书馆的文献资源管理工作

共享。

(三) 节省购书经费，扩大馆藏范围

中学图书馆的主要服务对象是中学教师与学生，这类读者对文献资料的种类、数量有着较高的要求，他们需要通过查阅大量的文献资料来拓宽视野、增加知识储备，而现代社会科技飞速发展，各种类型的出版物层出不穷，任何学校的图书馆都无法全部购置。中学图书馆肩负着重要使命，再加上图书经费十分有限，因此通过馆际协作实现文献资源共享是中学图书馆提高服务质量的必由之路。

建设中学图书馆协作网之前，需要先建立一个"协作协调委员会"，该委员会由教育行政部门、公共图书馆组织协调，各中学图书馆作为委员会成员馆负责参与讨论、修订协作协调采购方案。方案修订完成后，各中学图书馆需要根据此方案明确自身的馆藏范围，落实文献资料的收藏。各成员馆需要把自己的馆藏当作协作网整体藏书的一部分，在没有得到协作协调委员会许可的情况下，不得无故删减馆内的文献资料。为了进一步实现资源共享，让各成员馆之间形成良好的互补关系，协作协调委员会需要编制联合目录，发放联合借阅凭证。

馆际协作、资源共享的形式，不仅能使图书馆的图书经费得到合理利用，还能帮助各成员馆扩大馆藏范围，增加馆藏种类。

二、实现中学图书馆文献资源共享的重要保证

(一) 教育行政部门的支持

教育行政部门的支持是中学图书馆实现文献资源共享的关键。中学图书馆需要承担起为教育教学提供服务的重要使命，当其受到藏书与经费方面的制约而无法很好地满足教学需求时，就要走资源共享的道路。但民间自发开展的资源共享取得的成效不大，因此只有上级教育行政部门出面协调，结合各成员馆的实际情况，制定各成员馆都能接受的协调方案与规则，才能让中学图书馆的资源共享得到更好的贯彻落实。因此，上级教育行政部门必须大力支持中学图书馆的各项工作，为图书馆工作人员提供一定的教育培训机会，不断提升其业务能力，以保证资源共享的过程更加顺利。

（二）协调采购原则的贯彻与经费的合理使用

协调采购原则的制定是中学图书馆实现文献资源共享的基础。该原则一旦制定，所有的成员馆都必须严格按照原则中指定的藏书范围采购图书文献。各成员馆不仅需要与教育行政部门协调好，保证图书费用的专款专用，还需要将本馆的藏书视为整个中学图书馆协作网藏书的一部分，不能因为某个成员馆出现漏购、少购藏书的情况而影响整个协作网的资源共享。

（三）建立馆际互借规则，发放联合借阅凭证

建立馆际互借规则，发放馆际联合借阅证，有利于各地区中学图书馆协作组织成员馆之间互通有无，有利于教学资料的交流与充分利用。

三、协作组织形式

现如今，我国已经有很多地区陆续开始建立中学图书馆馆际协作组织，其中，既有省级协作组织，又有市级或县级协作组织。这些协作组织主要有三种形式。

第一种是由教育行政部门、公共图书馆及中学图书馆代表三者共同领导的协作组织。这是一种统一组织、统一领导的中学图书馆协作组织，领导小组需要结合各成员馆的实际情况与需求，制订组织的全年计划，并组织协作网开展各项活动。协作网按地区分片开展活动。

第二种是由教育行政部门进行统一行政管辖、公共图书馆进行业务指导的协作组织。比较常见的是由教育行政部门的教育技术装备站领导、公共图书馆业务辅导部门负责指导的中学图书馆协作组织。

第三种是隶属于专业学术团体的中学图书馆协作组织。

总之，前两种协作组织形式有着较强的行政约束力，在得到各级教育行政部门的大力支持后，协作协调工作也能更加顺利地开展。同时，教育行政部门的支持也会引起校领导的重视，有利于促进中学图书馆的馆际协调合作。第三种协作组织形式隶属于图书馆学会，有着较强的学术研究性与业务指导性。以上三种形式的中学图书馆协作组织之间不存在互相排斥的情况，甚至部分地区兼有多种形式的协作组织。

第四章　中学图书馆的文献信息检索与利用

随着信息与知识经济时代的到来，信息意识与信息检索、利用能力逐渐变成了现代图书馆工作人员应具备的基本素质之一，它们也是信息技术条件下图书馆实现提升服务品质、深层开发目标的重要保证。特别是在信息技术快速发展的今天，如何在众多文献资料中完成快速检索，有效整合、概括提炼文献信息，并为校内师生提供更好的服务；如何有效培养中学生自主获取文献信息的能力，全面提升其信息素质，是每个从事中学图书馆事业的工作者面临的重要问题。而解决此问题的有效途径便是了解检索方法，掌握相关检索技巧。本章将从文献信息检索的基础知识入手，详细介绍各种形态的文献信息的检索理论及检索方法。

第一节　文献信息检索基础知识

随着科学技术的不断发展，人类社会迎来了信息时代，人们的生活、学习方式也发生了翻天覆地的改变。在此过程中，人们能深刻感受到文献信息的多元化利用，以及信息的多样化服务带来的好处。如今，作为一种重要的社会资源，文献信息资源在人类社会的生产、生活，以及中学生拓宽视野、提升自身学习能力方面发挥着至关重要的作用。想要掌握信息检索与利用技能，就需要对其基础知识有一定的了解。

一、文献信息检索的概念与类型

(一) 文献信息检索的概念

文献信息检索指的是从文献信息资源集合中提取所需信息的过程。文献信息检索主要包含两个过程：一个是文献信息的存储过程，另一个是文献信息的检索过程。

1. 文献信息的存储过程

文献信息的存储过程指的是选择文献信息并结合规范化语言文本对文献信息的内、外特征进行揭示、描述，使其有序化。具体而言，就是首先将大量信息集中起来，对其内容特征与外表特征进行组织、著录和标引；其次通过整理、分析及归纳等处理手段，让文献信息有序化、系统化；最后按照相应的技术要求构建出一个具有检索功能的检索工具或系统，供人们使用。

2. 文献信息的检索过程

文献信息的检索过程指的是系统根据规范化语言对用户提问进行概念转换，再通过逻辑匹配输出提问相关的文献信息。广义的检索是指利用编制好的检索系统与检索工具找到读者所需的文献信息；狭义的检索指的是通过特定的方法，从大量组织好的文献信息中提取所需文献信息的过程。

(二) 文献信息检索的类型

根据不同的标准，文献信息检索可划分成不同的类型。下面介绍几种常见的划分方式及相应的文献信息检索类型（如图 4-1 所示）。

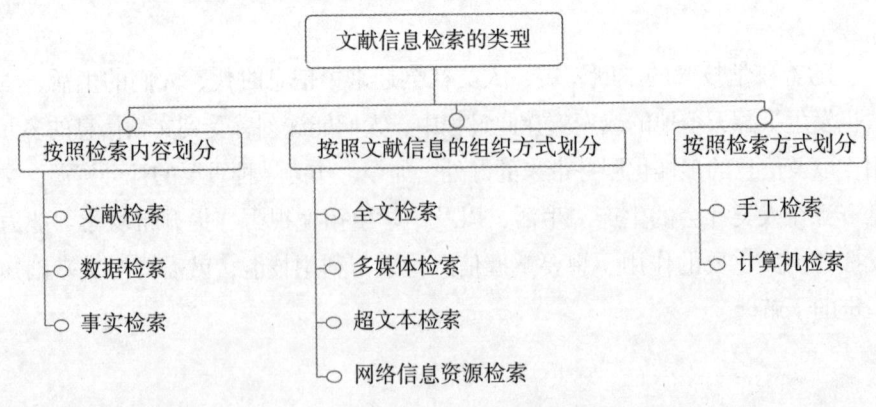

图 4-1　文献信息检索的类型

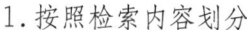

1.按照检索内容划分

按照检索内容的不同,文献信息检索可划分为文献检索、数据检索及事实检索。

(1)文献检索。文献检索是指借助目录、索引、题录、文摘等二次文献信息,搜索文献线索,并通过文献线索查找所需的原始文献,如某个课题、某个区域、某个作者或者某个事物的相关信息等,这些都在文献型信息检索的范畴之内。

(2)数据检索。数据检索是指从检索系统的众多数据中检索用户所需的数据。事实上,所有利用数据库、参考工具书等检索工具对某个公式、数据、参数等进行的检索,都属于数据检索。

(3)事实检索。事实检索是指对特定的事件或事实的检索,包括事物的性质、定义、原理,以及发生的地点、时间、前因后果等。所有利用年鉴、词典、百科全书等搜索工具从存储事实的信息库中搜索某个事实的过程都属于事实检索。

2.按照文献信息的组织方式划分

按照文献信息组织方式的不同,文献信息检索可划分为全文检索、多媒体检索、超文本检索及网络信息资源检索。

(1)全文检索。全文检索又称"全文数据检索"。它指的是检索系统检索的是整篇文章或整本书。全文检索的主要过程:首先,通过计算机将图像、图形、文字等信息转化成计算机可读形式,用自然语言对检索入口进行设置;其次,在检索过程中,将全文中的任意一个信息单元作为检索点;最后,利用计算机的高速自动对照完成检索过程。

(2)多媒体检索。多媒体检索可以支持两种以上媒体的数据库检索。多媒体数据库存储及检索技术能对以图像、文字、声音、动画等为载体的数据进行统一存取和管理,用户在检索过程中不仅能看到对所需信息的文字描述、具体形态,还能听到与之相关的声音。

(3)超文本检索。在超文本检索中,超文本的内容都是非线性的,它需要按照知识(信息)单元及其关系构建相应的知识结构网络,如具有图形的信息。超文本又称"超媒体"。超文本检索需要借助(媒体)链接才能实现。其主要形式有图标标志、网页文字下方的下划线等,用户在检索信息时,可通过点击这些标志跳转到与此信息相关的下一页,然后通过点击该页面中的超文本链接进入下一个页面，在此过程中，超文本发挥着信息导向作用。而用户也能通过页面的跳转获得自己所需的信息。

（4）网络信息资源检索。网络信息资源检索是一个融合了多种新型检索技术的系统，可以摆脱时间与空间的限制对各种媒体、各种类型的信息进行检索。网络信息资源的组织和管理离不开各种信息技术的支持。以 WWW(World Wide Web）全球浏览技术为例，它可以利用 WWW 浏览器在 Windows 界面下交互作业，将各种信息传递给用户。WWW 是一种将网络技术与超文本技术、多媒体技术融为一体的新型检索工具。在信息检索方面，它比传统检索方式更加便捷、及时、深入。

3. 按照检索方式划分

按照检索方式的不同，文献信息检索可划分为手工检索与计算机检索。

（1）手工检索。手工检索指的是人们通过手工的方式完成文献信息的检索与存储。手工检索常用的工具主要有手册、目录、索引、文摘等卡片式、书本型的文献信息系统。

（2）计算机检索。计算机检索指的是人们通过计算机网络、计算机软件技术、通信系统、数据库检索并存储特定的数据。计算机检索主要包括 WWW 检索、联机检索、脱机检索，以及光盘数据检索。

二、文献信息检索语言

（一）文献信息检索语言的概念

文献信息检索语言又称"索引语言、文献标引语言、情报检索语言"，指的是组织、检索文献信息时使用的语言。它主要应用于文献的检索、存储、加工工作中，是一种表达一系列概括文献信息内容、检索课题内容的概念及其相互关系的概念标识系统。此外，在不同场合下，文献信息检索语言的叫法也是不同的。例如，当它被用来检索文献时，称为"情报检索语言"；当它被用来索引文献时，称为"索引语言"；当它被用来标引文献时，称为"文献标引语言"。

（二）文献信息检索语言的类型

文献信息检索语言的类型非常丰富，如果仅从标识的性质与原理角度来看，主要可分为分类检索语言和主题检索语言。

1.分类检索语言

分类检索语言通过分类法表述各种文献信息资源，并将这些概念按照专业性质和学科进行分类与系统排列。分类检索语言可进一步划分为组配分类法、体系分类法及混合式分类法。

2.主题检索语言

主题检索语言主要从内容角度来检索、标引文献信息资源。与分类法不同，主题检索语言主要利用词语来表述文献信息资源中论述的主题概念，其中，表述文献信息内容的词语称为"主题词"。主题词是一种将自然语言中的词语规范化的检索语言。主题检索就是将主题词作为揭示文章主题的标识，进而组织、标识、编排、查找文献信息的编排方法。主题检索语言主要包括标题词、元词、关键词及叙词等。

（1）标题词。标题词是从自然语言中选择并进行规范化处理，用来表示事物概念的词、词组。它是主题检索语言中的重要部分，人们主要通过主标题词与副标题词之间的固定搭配来构成检索标识。但标题词也存在一定的局限性，那就是只能通过那些"定型"的标题词进行检索、标引，所反映的主题概念有限，这也是目前较少使用这种方法的主要原因。

（2）元词。元词也叫"单元词"，是用来描述信息内容、主题的最基本、最小的词语单位。将一些经过规范化处理的，用来表示信息主题的元词集合起来便能构成元词语言。元词法属于一种借助多个单元词的组配来完成复杂信息表达的方法。一般而言，元词语言主要应用在机械检索中，适合用比较简单的检索、标识手段来标识信息，如穿孔卡片等。

（3）关键词。关键词是对表征文献主题内容具有实质意义的词语。这种词语主要出现在文献的标题、正文及文摘中，对表述、揭示文章内容有着重要的作用。利用关键词检索文献是图书馆读者经常采用的方法。

（4）叙词。叙词是一些以概念为基础，经过规范化处理，具有组配功能，且能揭示词语之间语义关系的动态性的词或词组。通常情况下，被选用的叙词都具有概念性、组配性及描述性，而在规范化处理后，它们又会具有直观性、动态性、关联性等特点。由于叙词将各种信息检索语言的方法与原理融为一体，具有其他方法无法比拟的优越性，它成为现阶段应用较为广泛的主题检索语言。

（三）文献信息检索语言的作用

文献信息检索语言架起了信息存储与信息检索之间的桥梁，在文献信息检索过程中发挥着至关重要的作用。

第一，在用户按照不同需求检索文献信息时，保证其获得最高的查准率与查全率。

第二，为检索用语和标引用语的相符性比较提供便利，保证检索人员与标引人员表述相同文献内容的一致性，以及不同检索人员表述相同文献内容的一致性。

第三，保证文献信息的组织化、系统化及集中化，使检索人员能够按照一定的顺序完成文献信息检索工作。

第四，将内容相同或相关的文献信息集中起来，或揭示这些信息之间的相关性。

第五，对文献信息的内容特征与外表特征进行标引，使不同标引人员对该文献的表述保持一致。

三、文献信息检索工具

在中学图书馆中，各种信息、数据均分布在各种馆藏文献中，要想快速、准确地获取某种信息或数据，就需要借助相应的文献信息检索工具。事实上，文献信息检索工具是一种特殊的文献类型工具书，它可以将图书馆内某个特定方面的资料集合、浓缩起来，并根据指定的方法对其进行编排。文献信息检索工具的主要作用在于查找、积累、报道文献线索或存储、检索特定文献资料。从本质上来看，它属于一种在一次文献的基础上进行加工、编辑、整理而形成的二次文献。文献信息检索工具既包含用来查找、报道、存储文献线索的线索性检索工具，又包含年鉴、手册、词典、字典等用来查询事实和数据的事实性检索工具。

现如今，随着图书馆事业的不断发展，可供人们使用的文献信息检索工具也越来越多，每个检索工具都有着各自不同的特点，能够满足人们在检索信息方面的不同需求。

（一）文献信息检索工具的类型

1. 目录

目录又称"书目"，指的是对一些文献进行著录并将其按照特定顺序进行排列的揭示、报道文献的检索工具。目录的诞生源自人们对文献整理的需要。中学图书馆中的目录主要包括藏书目录、电子资源目录及报刊目录等。

2. 题录

题录是由一组著录项目构成的一条文献记录。其主要作用是描述文献的来源、作者、题名、关键词等外部特征。题录的基本著录单位通常是一个内容上相对独立的文献单元，如图书的某一部分、一篇文章或者整本出版物。题录目录与目录著录不同，目录著录的对象是单位出版物，而题录目录的对象则是单篇文献。如今，很多中学图书馆编著的题录在教育教学中发挥着重要的作用。

3. 文摘

文摘是将文献中的主要论点、结论、数据等内容用精练的文字摘录出来，并按照特定方式编排而成的检索工具。文摘具有两大主要特点：一个是"精"，也就是用最少的文字概括出文献最关键的内容；另一个是"快"，这一点主要体现在，文摘通过期刊的形式向读者传递最新信息，不仅出版周期短，而且报道的时差非常小。

4. 索引

索引以文献内部的单篇文献或知识单元为基本的著录单位，揭示单篇文献的基本特征，以及文献中的事物名称与重要信息。索引的主要特点在于"便"和"深"。"便"体现在文献检索的途径较多，搜索起来更加方便；"深"体现在对文献内容的揭示程度比目录更深。

索引主要有两种类型：一种是提供字、词、句，以及其他重要信息线索的事实索引，如《二十四史纪传人名索引》《十三经索引》等；另一种是提供单篇文献线索的篇名索引，如《中国古典文学研究论文索引》《全国报刊索引》等。每条索引的款目包括标目、说明语及材料出处（或存储地址）。

（1）标目。标目是对特定款目所做的标识，以便控制其在索引中的位置，帮助检索者更快找到所需款目。主题词、作者姓名等都可以作为标目。采用标识的形式不同，形成的索引类型也就不同，如作者索引、分类号索引、关键词索引等。

（2）说明语。说明语的主要作用是对同一标识下的文献进行限定或细化，对索引进行完善。说明语可以采用文献的题名或自编的短语等。

（3）材料出处（或存储地址）。材料出处（或存储地址）能够指明索引中款目的文献线索，如题录、页码或文摘的序号等。检索工具通常会用文摘号来连接索引与文献描述项，文摘号是指检索系统编制者赋予每篇文章的专属号码，在检索过程中，检索者可以通过索引中的文摘号检索到所需文献的描述项，进而得到该文献的详细信息。

5.搜索引擎

搜索引擎以网页为著录的基本单元，在 Web 中自动进行信息检索，并将检索到的信息自动索引至 Web 服务器中。索引信息主要有文档中单个字体所出现的位置、频率及文档的地址等。

（二）文献信息检索工具的结构

一般而言，文献信息检索工具主要由编辑使用说明、目次表、正文部分、辅助索引、附录五个部分构成（如图 4-2 所示）。

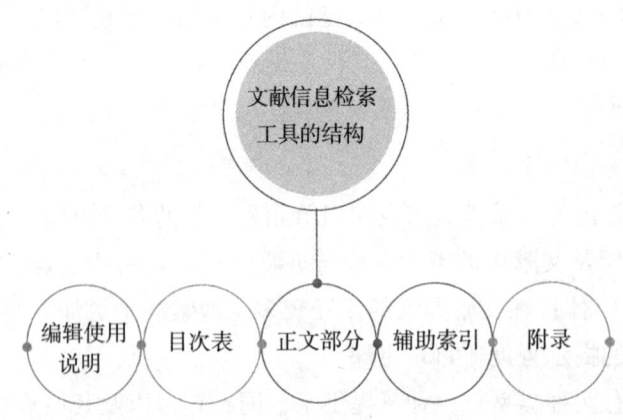

图 4-2　文献信息检索工具的结构

1.编辑使用说明

编辑使用说明的主要作用是为使用者提供必要的指导。它主要包含著录说明、编制目的、查找方法、收录年限及注意事项等。使用者在使用检索工具前需要充分了解编辑使用说明，以此来降低出现检索错误的可能性，提升检索效率。

2.目次表

目次表通常会按照分类进行组织编排，并出现在检索工具的正文前，以便进行分类途径的检索。

第四章　中学图书馆的文献信息检索与利用

3.正文部分

检索工具只对文献的内容特征与外部特征进行描述，而并非记录文献的全文，且每条著录均由若干款项构成。检索工具的正文部分也是检索工具的主体部分，主要包括文献篇名、文献来源、著者等。

4.辅助索引

由于检索工具的主体部分通常是按照分类进行编排的，检索效率有限，使用者在检索过程中还需要借助一些辅助索引，辅助索引越多，检索的途径与效率也就越高。常见的辅助索引有题名索引、著者索引、主题索引、号码索引等。

5.附录

附录是检索工具内容的补充、参考。它主要包括摘用刊物的文字、种类、收藏单位代码、术语等。附录不仅能有效提升检索效率，还能帮助读者更充分地利用正文内容。

读者在使用检索工具时，需要先仔细阅读编辑使用说明，了解工具的基本使用方法，再结合具体需求，利用目次表或分类表检索相关文献。此外，读者还可以利用文献的题名、著者、主题等已知条件，查阅相应的辅助索引，再通过辅助索引提供的文献线索，检索到所需的正文内容，最终获得原始文献。

四、文献信息检索的途径、方法与环节

（一）文献信息检索的途径

1.题名检索途径

题名检索途径是一种根据书名目录（索引）、标准名称索引、刊名目录、数据库索引等题名索引，找到相关文献的途径。它主要应用于计算机检索系统中。

2.责任者检索途径

责任者检索途径以作者索引为依据，是一种按照已知的文献作者查找文献的途径。作者索引包括文献的著者、编者、译者的姓名及团体名称。

3.分类检索途径

分类检索途径以分类检索为依据，是一种按照文献资料所属的类别查找文

献的途径。

4. 主题检索途径

主题检索途径是一种按照已知的文献主题内容查找文献的途径。这种途径的优势在于，具有直接性，能利用文字准确、直接地表达主题，易于理解和掌握。此外，由于它具有将同种主题性质事物集中起来的功能，打破了分类途径的限制，更加适合现代科学的发展。

（二）文献信息检索的方法

要想更加快速、便捷地找到所需文献，就需要依靠科学、合理的检索方法。常见的文献信息检索方法有工具法、追溯法和综合法。

1. 工具法

顾名思义，工具法指的是利用相关的检索工具查找所需文献的方法。以检索文献的时间顺序为依据，工具法还可以进一步划分成抽查法、顺查法、倒查法。

（1）抽查法。抽查法是一种以学科专业发展特点为依据，针对课题发表文献较集中的年限，选择性地检索文献的方法。

（2）顺查法。顺查法是将文献信息检索课题的起始年代作为起点，按照时间顺序逐卷期查找所需文献的方法。这种方法适用于研究范围广、内容复杂、时间长的课题。借助顺查法，读者能准确地掌握该课题的科研立项、历史背景，以及课题鉴定等信息。

（3）倒查法。与顺查法相反，倒查法是一种按照由近到远的时间顺序查找文献的方法。倒查法适用于新课题或内容新颖的老课题。

2. 追溯法

追溯法又称"引文分析法、参考文献法、回溯法"，是一种以已知文献的参考文献为依据，进行追溯查找的方法。这种方法的优势在于，操作起来非常简单，以滚雪球的方式便能查到所需文献；其不足之处在于文献的查全率较低，且追溯时间越久远，所得文献资料也就越陈旧。

3. 综合法

综合法又称"交替法、循环法"，它将工具法与追溯法融为一体，先通过工具法检索到某批文献，再利用追溯法将检索范围扩大，以此来获得更多的文献资料。

（三）文献信息检索的环节

文献信息检索工作具有较强的经验性与实践性，读者需要根据检索内容的实际情况，选择最适合的检索方法与检索程序。检索程序与检索具体要求之间的关系非常密切，主要包含以下环节。

1. 分析检索内容，明确检索目的，掌握检索要求

文献信息检索工作首先要做的就是对检索内容的实质及其学科范围等进行分析，明确检索目的，在明确检索内容的主题内容与涉及的学科范围，了解检索要求后，还需要结合查证要点抽提出主题概念，明确哪一部分是主要概念，哪一部分是次要概念，并确定最初的逻辑组配。

2. 选择检索工具，确定检索策略

检索工作能否成功主要取决于检索工具是否恰当。检索工具的选择需要充分结合待查项目的性质和内容，在选择过程中，应以专业性较强的检索工具为主，以综合性检索工具为辅。当检索工具同时具备刊物与机读数据库两种形式时，应以机读数据库为主，因为这样不仅能提升查全率、查准率，还能有效提升检索效率。此外，为了保证检索工具在编辑出版过程中的及时性，读者还需要适当补充查找一些现刊，避免漏检。

3. 选择检索方法

检索方法的选择主要取决于检索目的、检索范围、课题性质，以及对学科发展的了解程度。例如，当全面掌握研究课题的发展规律、特点及其所属学科的发展变化时，可选择抽查法；当研究课题要求获得更加全面、准确的文献信息时，可选择顺查法，如成果鉴定、科研课题研究等；当研究课题属于新兴学科、边缘学科或者是对旧课题进行补充的新资料，并要求更快地获得准确的文献信息时，可选择倒查法；当研究课题的主题概念相对简单，检索工具不齐备，且要求查全率时，可选择回溯法；当研究课题比较复杂，涉及范围较广且持续时间长时，可选择综合法。

4. 确定检索途径

文献信息检索途径可分为外部特征途径与内容特征途径。通常情况下，检索工具需要以文献的外部特征与内容特征为依据，提供多种检索途径，除了主题途径之外，还需要借助著者途径、分类途径及题名途径等进行补充检索，以此来避免漏检。

5.确定检索词，构建检索表达方式

检索词的选择需要以检索内容为基础。对于比较复杂的检索课题，应站在专业角度对其内容展开细致、全面的分析，进而提炼出与主题内容相符的主题词；而对于比较简单的检索课题，可以直接将检索课题名称的主要概念作为检索词。

6.寻找文献线索，获取文献原文

文献线索指的是利用检索工具进行检索后得到的检索结果。读者得到文献线索后，还需要对其展开进一步的整理与分析，找到文献的出处，进而获得文献原文。

第二节　常用参考工具书的检索与利用

工具书是一种可以作为工具使用的特殊类型的图书，它将许多资料、知识汇集在一起，并将其按照特定的编排形式与检索方法组织起来，为人们提供重要的查验途径。下面将围绕常用工具书的检索与利用展开论述。

一、常用工具书的类型

工具书的类型众多，从内容的角度来看，有社会科学工具书和自然科学工具书；从编撰时代的角度来看，有古代工具书、近代工具书和现代工具书；从文字的角度来看，有中文工具书与外文工具书；从特点与功能的角度来看，有字典、词典，年鉴，名录，百科全书，手册，目录、索引、文摘等。

（一）字典、词典

字典、词典是使用率较高的、用来解释字词的工具书。其中，字典用于查询字的意思、用法，以及字音、字形，词典用于查询各种词的意思、概念和用法，它们都具有较强的规范性与简明性。在编排方面，字典与词典都选择了用首字音序、部首进行排列的方法。它们的整体结构主要由前言、凡例、正文、附录及索引等部分构成。

（二）年鉴

年鉴是一种按照年度进行出版的连续性出版物，它将一年内所有重要的统

第四章　中学图书馆的文献信息检索与利用

计资料、事实文献都汇集在了一起。由于年鉴主要取材于政府公报、文件，以及各种重要的刊物，具有较强的指示性、实用性，人们可以通过它了解到各国的概况，以及国内外的一些重大事件。在编排方面，年鉴主要采用分类编排，其中汇聚了一次文献、二次文献及三次文献，在阅读的同时还能进行原始文献的查询。年鉴中包含的统计数字、系统资料等为科学领域的发展做出了较大贡献。

年鉴主要包含三种类型，分别是统计性、专门性、综合性。常见的统计性年鉴有《联合国统计年鉴》《中国统计年鉴》等，专门性年鉴有《世界经济年鉴》《中国教育年鉴》《中国农业年鉴》等，综合性年鉴有《世界知识年鉴》《世界大事年鉴》《中国百科年鉴》《中国年鉴》等。

（三）名录

名录是一种专门提供人名、机构名称、地域名称等简要资料的工具书。其主要内容有某个人物的年龄、经历、学历等个人资料，某个团体、机构、单位的负责人员、所在地址及主要活动等资料，某个行政区域的名称、历史沿革等相关地理资料等。随着信息时代的到来，名录已逐渐成为人们社会交往过程中必不可少的工具书。以收录的内容为依据，名录可分为人名录、机构名录和地名录。

比较常见的名录有《世界各国高校名录》《世界地名录》《世界名人录》《中国地名词典》《中国名人录》《中国科研单位名录》等。

（四）百科全书

百科全书是一种将人类所有门类或某一门类的所有知识汇集在一起的工具书。其主要内容包含自然科学、社会科学，以及各学科的专业术语、人名、地名、事件名称等重要名词。以收录范围为依据，百科全书可分为专科性百科全书与综合性百科全书。

与解释单条词目的词典不同，百科全书是对每个条目进行详细的知识介绍。因此，百科全书对条目的内容阐述与辅助图像也会比其他工具书更多、更详细。常见的百科全书有《中国大百科全书》《科学家传记百科全书》等。

（五）手册

手册也被称作"全书、要览或指南"等，是一种便于随身携带、随时翻阅的工具书。它能通过简单的方式介绍某一学科或领域的相关知识。手册具备体

087

积小、实用、取材新颖、概述简要、专题明确等特点。常见的手册类工具书有一览、要览、总览、全书、必备、指南等。

以内容为依据，手册类工具书可分为专科性手册和综合性手册。专科性手册包括《经济法手册》《物理化学手册》等，综合性手册包括《中华人民共和国手册》《世界知识手册》等。

（六）目录、索引、文摘

目录、索引、文摘是人们在检索文献资料时采用的三种重要工具，虽然这三者使用的具体方式不同，但都为人们查阅文献资料提供了重要途径。

1. 目录

从编制目的及收编文献的内容来看，目录主要包含国家书目、馆藏目录、专题目录、联合目录、推荐书目。

（1）国家书目，即能反映出一个国家在某个时期内的全部出版书籍的综合性目录，如《中国国家书目》《全国总书目》等。

（2）馆藏目录，即反映某一图书馆内藏书的目录。

（3）专题目录，即反映某一专题图书的目录。

（4）联合目录，即反映图书在全国或者某一区域的收藏情况的目录。

（5）推荐书目，即记录推荐读者阅读或学习的图书的目录，如《中学教师阅读推荐书目》《中学图书馆推荐书目》等。

目录能够反映出某一历史阶段人类科学文化的发展情况，可以帮助人们学习知识、掌握知识，也有助于图书得到宣传与推广。

2. 索引

索引是一种将书名、主题、人名、地名或书中的词句等对检索文献具有重要意义的内容摘抄下来，再按照特定的顺序进行编排，以便查验的工具书。通过索引，人们不仅能充分揭示文献的内容特征并获得内涵信息，还能掌握某一领域最新的学术资料。

索引主要包含词语索引、主题索引及篇目索引。

（1）词语索引是一种将文献内的词语、句子摘录下来，并将其按照一定顺序编排而成的索引。

（2）主题索引是一种将文献中涉及的主题按照特定顺序编排而成的索引。

（3）篇目索引是一种将书刊中所有论文篇名按照特定方式编排而成的索

引,如中学图书馆编制的期刊题录索引等。

常见的索引有《人民日报索引》《报刊资料索引》《中学教育论文索引》等。

3.文摘

文摘是一种对文献内容进行简要概述,并将其按照特定顺序编排在一起的检索工具书。它可以通过少量的文字对文献进行加工、提炼,以此来揭示文献的论据、观点等,为当代学术报道提供了更加便捷的途径。文摘可分为报道性文摘与指示性文摘。

(1)报道性文摘主要通过对文献主要内容进行浓缩、摘录的方式,使读者能够在较短时间内了解文献的精华。

(2)指示性文摘需要在充分结合文献评价性摘要的基础上,对文献的主要内容、结论进行介绍,具有较强的概括性。

文摘可以帮助人们更快掌握各种学术动态与科学情报,有利于人们的广泛学习与社交。

二、工具书的作用

工具书的作用主要有以下几点。

(一)有助于阅读、学习

在阅读、学习方面,工具书称得上是人们的"良师益友"。具体而言,字典、词典、年鉴、百科全书等能为人们答疑解惑,提供各类知识;目录、索引、文摘等能为人们提供读书的途径与方法。

(二)为人们利用图书馆提供工具

如果将图书馆看作一个收藏着大量书刊的知识宝库,那么工具书就是开启这个宝库大门的钥匙,它能帮助读者更加充分地利用图书馆里的图书。那些不会利用工具书的读者往往很难与图书馆建立密切的关系。

(三)节省时间和精力

人们在学习、研究的过程中遇到问题时,往往需要通过查阅资料的方式来解决。但数量庞大的书刊使人们的查阅工作变得更加烦琐、困难,对此,我们需要通过使用相关的工具书来提升查阅效率,节省时间和精力。

(四)为研究工作提供参考资料

无论从事哪项研究,人们都需要以掌握该项研究的相关资料为前提,这样才能有效避免研究过程中可能出现的各种问题。而掌握相关资料的有效途径便是合理利用目录、索引、文摘，以及年鉴类工具书。

三、常用主题信息检索

（一）人物信息检索

1. 人物信息检索的传统检索工具

人物信息检索以各种传记工具书为主要信息来源，在中学图书馆的参考服务中占据较大的比重。

传统的人物信息检索工作以印刷型的工具书为主要检索工具。例如，《中共党史人名录》《中国革命史人物传略》等中国政治人物信息检索工具书，《辞海》《辞源》等综合性辞书，《中国艺术家辞典》《中国文学家大辞典》等文化艺术界人物信息检索工具书，《中国历史大辞典》《中国历史人物大辞典》等人物生平简介检索工具书。

2. 人物信息检索的计算机检索工具

（1）中国历代名人图像数据库。该数据库收录了远古至现代五千多年文明史中记载的名人图像资料。

（2）中国工具书集锦在线——人物库。它不仅为"中国知识资源总库"提供基础数据，还是"中国知网"旗下的重要网站。

（3）中国历代人物传记数据库。该数据库主要提供1949年后新编地方志中人物的姓名、朝代、年龄、籍贯、身份等信息检索。其数据量每年都在不断上升。

（4）中国资讯行——中国人物库。它主要负责提供中国重要的政治人物、科学家、企业家、银行家等著名人物的个人简介与相关资料等。

（二）机构信息检索

中学教师在教研过程中往往会遇到一些与国外某机构组织相关的问题，因此需要对这些机构的情况有所了解，而机构信息检索可以帮助其更好地获取所需资料。

1. 机构信息检索的传统检索工具

传统的机构信息检索工具书主要包括《中国科学研究与技术开发机构名录》等。

2.机构信息检索的计算机检索工具

机构信息检索的计算机检索工具主要有中国科技信息机构数据库、中国科研机构数据库，以及中国高等院校及中等专业院校数据库等。

（三）工具书信息检索

知网工具书总库是传统工具书的数字化集合，不仅具有传统工具书的权威性与科学性，还通过配备强大的全文检索系统的方式，摆脱了传统工具书在检索方面的局限性。此外，它还利用超文本技术建立了知识之间的链接与条目之间的跳转阅读，让读者仅通过一个平台就能获取各种来自不同工具书中的知识信息。

知网工具书总库集成了200家左右出版社的工具书，主要类型有百科全书、语录、手册、双语词典、图录、语文词典、表谱、专科辞典等，其中的每个条目都由专业人员负责撰写，内容涵盖了文化教育、医学、哲学、工程技术、社会科学、自然科学等诸多领域。

知网工具书总库不仅建立了书库内各链接之间的关联，还在每个条目后链接了相关的博士硕士学位论文、学术期刊文献、年鉴、报纸、会议论文、知识元及专利等，为人们开阔视野、了解新事物提供了便利。

（四）地理、旅游信息检索

地理、旅游信息检索可分为传统检索与计算机检索，传统检索有《中国名胜词典》《中国古今地名大辞典》《中国历史文化名城大辞典》等，计算机检索包括中国旅游网、中国地名网、中国城市网等。

四、工具书的检索方法

读者在使用工具书时，需要注意三个部分：第一部分是目次表，通过目次表获得相应的页码，再翻阅正文部分；第二部分是正文部分，按照正文的编排体例直接对正文进行查阅，字典、词典等都可以从正文部分开始查找；第三部分是书末索引，它是按照主题词的字顺进行编排的，具有较强的专指性。

读者在查阅工具书时，需要遵循以下流程。首先，分析研究课题，选择恰当的检索工具。其次，结合参考工具书的排检特点选择检索方法。例如，在查阅按照字顺法进行编排的字典时，需要按照字顺查找；在查阅按分类编排的百科全书时，需要按主题词进行检索。一般而言，我们可以通过说明、目录等来了解工具书的排检方法。最后，查阅并记录检索的结果。

第三节 电子信息的检索与利用

在图书馆文献信息资源中，电子信息也是非常重要的一个部分，它主要包含电子图书、电子期刊及电子报纸。下面将围绕这三类电子信息的检索与利用展开论述。

一、电子图书

（一）电子图书的检索与利用

电子图书主要包括网上免费的电子图书，以及出于某种商业目的而制作的电子图书系统。电子图书的检索以浏览式为主，主要包括通过网站对图书目录进行查找，以及利用网站浏览图书。下面以超星数字图书馆为例进行介绍。

超星数字图书馆中收录了上百万种电子图书，其中包括交通、经济、历史、科学、文学、医药、计算机、工程、军事、法律等十多个分馆。读者不仅可以进行在线阅读，还可以将电子图书下载到本地进行离线阅读。如今，超星数字图书馆已经被广泛应用在了各省、市的高校图书馆、公共图书馆中。

（1）超星数字图书馆的访问。个人用户可通过购买超星读书卡的方式阅读、下载超星电子图书；高校等集团用户可由学校购买使用权，供本校教师、学生使用。超星公司主要以IP或用户名的方式来限制访问，此外，也向有条件及有要求的学校提供电子图书的本地镜像。

（2）超星数字图书馆的使用步骤。

①进入方式。如果是个人用户，可通过网址直接进入网页；如果是集团用户，可通过本馆主页上"超星电子图书"链接进入本馆镜像站点。

②浏览器、注册器下载。在阅读电子图书前，用户需要下载、安装相应的浏览器。浏览器下载可在主页上方菜单栏中找到并点击"浏览器"，依照提示，完成下载安装。只需要下载一次，浏览器便会在之后的阅读中自行启动。如果是需要建立书签的新用户，则需要先进行注册，这样才能在下次登录后阅读做过书签的电子图书。

（3）超星数字图书馆的检索可分为三种，即简单检索、高级检索及分类检索。

①简单检索。这种检索方法非常简单，用户只需要在数字图书馆主页"信息检索"栏中选择检索点（书名、作者、出版日期、出版社等），输入检索内容，再点击"查询"即可。以自动化技术方面的图书为例，用户需要首先选择检索的范围（"工业技术图书馆"或"全选"），其次选择"书名"这个检索点，最后输入"自动化技术"并点击"查询"，便可获得所需的检索结果。

②高级检索。用户通过点击页面上的"高级检索"进入检索界面，按照上述方式输入，字段之间默认为"与"的关系。点击"检索"，得到检索结果，检索结果以题录的方式显示，且每条记录下均设有"阅读"、"发表评论"、"下载"及"添加个人书签"等项，供用户自行选择。

③分类检索。超星数字图书馆将馆内的电子资源分成了"化学图书馆""财政、金融图书馆""辞典图书馆"等多个类目。其中，每个类目下又细分出许多子类目，用户可通过对类目进行逐层浏览的方式查找所需的文献资料。以"机械设计手册"为例，首先需要在分类目录中找到"工业技术图书馆"；其次根据课题再次选择"机械、仪表工业""机械设计、计算与制图"，在找到若干机械设计类手册后，点击"阅读"或"下载"便可实现在线阅读或离线阅读。

（4）超星数字图书馆电子图书的阅读与下载。

①阅读：在得到相应的检索结果后，点击书名下的"阅读"，系统便会自动打开浏览器，显示出所需图书的目录，通过上方工具栏或单击右键，便能实现定位浏览或逐页浏览。

②文字识别：首先，从"图书"菜单中找到并点击"区域选择"一项；其次将鼠标移至需要识别的区域，选中要识别的文字，随后便会出现一个对话框，用户可在对话框内对识别的文字进行编辑、保存。

③做读书笔记：识别文字图标中有一个"加入采集"的选项，只需要点击一下就能将PTF格式的文字内容通过DCR识别成文本格式，导入笔记本。点击页面下方的书名继续阅读；点击"加入采集"，打开笔记，就可以对笔记内容进行修改，或者点击"保存"，确定存放路径，直接保存为文本文件。

④添加个人书签：在书目清单中找到并点击书名下方的"添加个人书签"，添加成功后，下次登录时被做过标签的书就会出现在主检索页面下方。点击"书名"便能打开目次页。在阅读过程中，点击"添加书签"或"书签"，可

以保存页码，方便下次阅读。

⑤下载电子书：在阅读电子图书时，点击"工具"栏中的"下载"，找到存放路径后，点击"确认"便可完成下载。之后可以点击"我的图书馆"，对下载的图书进行分类，或者直接将图书下载到指定位置。

（二）网上免费电子图书的检索步骤及途径

1. 用搜索引擎检索

作为网上非常热门的免费电子资源之一，电子图书的获取途径也非常广泛，其中，用搜索引擎检索是免费获取电子图书的一个重要方法。电子图书的读者只需要在搜索引擎中输入与电子图书、网络小说等相关的词汇，便能获得大量相关信息。

2. 其他通过网络获取电子图书的方法

用户可以通过各大网站提供的电子图书目录或链接来获取电子图书。此外，一些图书馆也将电子图书作为网络资源服务的重要内容，并投入了大量精力进行建设，读者也可通过此途径获取电子图书。

二、电子期刊

（一）电子期刊的检索与利用

电子期刊的检索主要包括电子期刊本身的检索，以及电子期刊目录的检索两个部分。电子期刊通常采用"循序渐进"的方法进行浏览检索，用户只需要根据期刊上的"导引"便能进行浏览。网上有很多专门性的或综合性的帮助用户代查、访问某种期刊的站点。

下面介绍几个电子期刊的检索工具。

1. 维普

维普的"中文科技期刊数据库"收录了上千种中文核心期刊。

2. 中国期刊网

中国期刊网的"中国期刊全文数据库"中收录着从1994年至今的上千种专业期刊、核心期刊，以及上百万篇论文。其内容囊括了文化教育、经济政治、社会科学、医疗卫生、电子技术等诸多领域。

3."人大复印报刊资料全文数据库"

中国人民大学的"人大复印报刊资料全文数据库"是一个大型的文献数据库,它收录了《复印报刊资料》上百种专题刊物的原文。该数据库的检索非常方便,只需要选定相应的学科数据库,再按照它提供的复合检索与字段检索便能获取所需的期刊资料。用户在利用该数据库进行浏览阅读时,无须下载专门的浏览器。

4.中国高等教育文献保障系统

现如今,中国高等教育文献保障系统已经陆续建立了许多国内外文献数据库,其中包含中文现刊目次库、联合目录数据库等;开发了馆际互借与文献传递系统、联机公共检索系统、联机合作编目系统等。

5.各种试用数据库检索

部分高校图书馆会设立试用数据库,这些数据库在试用期间基本上不会存在过多的限制,我们可以利用搜索引擎找到这些试用数据库的网址,获取所需资料的原文。

(二)网上免费电子期刊的检索方法

1.检索步骤

(1)查找某本期刊。在查找期刊时,用户通常要按照期刊内容所属的专业与刊名字顺进行检索。

(2)查找期刊原文。在找到期刊后,用户需要点击期刊名跳转到相应的网站。每个期刊网站采取的文献检索方法不尽相同,有的网站只需要输入篇名便能找到文献;有的网站则需要通过刊期、年代等,逐步点击获取所需的期刊资料。

2.检索途径

(1)通过提供电子期刊链接的网站获取。如今,有很多著名网站都提供电子期刊的链接,读者可在此免费阅读各类期刊。以龙源国际期刊网为例,其中收录了科学、技术、经济、文学、文摘、科普、健康等许多种类的知名期刊。此外,它还为用户提供了投稿入口,用户所投的稿件会经网站被转交给相应的杂志社。

(2)通过搜索引擎获取。用户查不到电子期刊的网址时,可利用搜索引擎进行检索。部分搜索引擎会提供与电子期刊相关的类目,用户只需要直接点击便能获得。另外，用户还可在搜索框中输入所需的期刊名称进行检索。

三、电子报纸

（一）电子报纸的检索与利用

电子报纸主要包含两类：一类是网上的免费电子报纸，另一类是出于某种商业目的制作的电子报纸。其中，商业的电子报纸有的会被收录进其他电子出版物中，有的则会以报纸全文阅读系统的方式呈现。

在全文数据库中，电子报纸主要有两种组织方式：一种是将报纸的全部内容收录进数据库中，在收录的起止年代内，不仅可按年、月、日的顺序浏览报纸，还可检索自己所需的电子报纸；另一种虽然同样是对电子报纸的全部内容进行收录，但不支持按年、月、日的顺序进行浏览，只能先检索到具体的报纸再开始阅读。

（二）网上免费电子报纸的检索方法

1. 用网站上的电子报纸目录或链接

许多网站都会提供一些电子报纸的目录或链接，供用户阅读，如中华网等。通过这种方式，用户可以更加便捷地获取电子报纸资源。

2. 用搜索引擎检索

现阶段，很多著名的报纸都已陆续数字化，为人们提供了大量免费的电子报纸。因此，读者想要阅读电子报纸时，只需要通过搜索引擎进行搜索便能获得相应的资源。

第四节　网络信息的检索与利用

随着网络时代的到来及计算机技术的不断发展，网上的资源也变得越来越多，且呈现出爆炸性增长的趋势。如今，我们的工作、学习都离不开网络，网络在很大程度上改变着人们的生活方式。网络中蕴含着大量可供人们使用的信息资源，人们想要对其进行充分利用，就需要掌握网络信息资源检索与利用的相关知识。

一、网络信息资源的概念与特征

(一) 网络信息资源的概念

网络信息资源指的是借助计算机可利用的各种信息资源之和。Internet 是目前世界上用户量最大、信息资源最丰富的计算机网络。它有着非常迅猛的发展速度。人们可以利用 Internet 检索世界各地的数据库、联机图书馆等，获取其中的信息资源，掌握某方面的最新消息。

(二) 网络信息资源的特征

1. 内容丰富，范围广泛

网上的信息资源，在内容上主要涉及政府、个人、学术、商业等诸多方面，在范围上涵盖了各区域、各学科、各领域、各种语言的信息资源，在形式上包含声音、图像、文本等，堪称"多类型、多语种、多媒体的混合体"。如今的教育科学网站可分为以下两类：一类侧重研究教育理论，另一类侧重普及大众科学知识。但无论是哪类用户，都可以通过点击鼠标从相关网站中快速获得所需信息。

2. 交互性较强，共享程度较高

多媒体是网络信息资源中一种以数字编码、电子平台为基础的新型信息组织形式。它将语言与非语言两类符号融合在了一起，打破了传统的信息组织形式；它能触动人们的不同感官经验，能通过不同的方式阐明一件事情。多媒体的本质是互动。而网络教育信息除了具有传统意义上信息资源的共享性外，还表现为一个可供所有 Internet 用户随时访问的 Internet 网页。

此外，由于信息的数据结构与存储形式具有标准化、开放性及通用性等特点，它在网络环境下得到了时间、空间方面最大限度的延展，使用户无须排队便能共享同一个信息资源。

3. 动态发展，更新速度快

网络信息瞬息万变，具有较强的动态性，它们始终处于持续地产生、更新、淘汰的状态中，发布信息的网站、网页也是如此。因此，所有的网站资源都有可能在短时间内建立、更新甚至是消失。例如，有的网站会在主页上及时更新教育方面的最新信息，彰显了网络信息的新颖性。网络媒体迅猛的传播速度与广泛的影响力，不仅使网络教育信息拥有了更强的时效性，还在极大程度上提升了信息更新的速度。

4. 数量庞大，种类众多

互联网不仅是一个将各种信息资源集合到一起的信息资源网，还是一个将各国家、各机构联系在一起的通信网。任何国家、企业或者个人都能在网上发布信息，这也使得互联网拥有了十分庞杂的信息资源，以网络教育类信息为例，网络上不仅有大量的文本信息，还有许多非文本信息（声音、图像、图形等）、全文信息。

5. 分布广泛，关联性强

一方面，由于互联网比较开放，分布广泛，网络信息能够传播到网络上的各角落；另一方面，由于网络特有的超文本链接方式及强大的检索功能，网络信息之间又形成较强的关联关系，从而使人们利用各种搜索引擎、检索系统进行信息检索变得更加快捷、方便。

二、网络信息资源检索的方法

网络信息资源检索主要包含以下几种方法。

（一）浏览

浏览指的是在查询网络信息时，记录下那些对自己有用的网络信息的网址（如信息机构、数据库、网上期刊的网址等），从而获得网络信息资源。

（二）利用网络信息检索工具查找信息

网络信息检索工具是用户在查询网络信息时采用的重要工具。不同类型信息资源的查询需要采用不同的检索工具。

（三）通过网络资源指南查找信息

通过网络资源指南查找信息指的是借助由专业人员研发的网络资源主题指南进行信息检索的方法。

三、网络信息资源的检索技术

"网络信息资源检索技术"是信息检索过程中的检索手段、设备条件、方法策略、重要原理等诸多因素的总称。Internet 检索工具对网络上的各种信息资源进行储存与检索（此过程包含信息的收集、整理、分类及索引），进而形成数据库以提供检索服务。同时，为了给用户提供查询方式，Internet 检索工具还需要将具有关联性的信息按照相应的规则组织起来。网络信息资源检索技术的模式普遍存在一个共同点，那就是它们都拥有一个与数据库捆绑在一起的检索工具。这项技术有一个自动检索程序，它会经常搜索 Internet 的内容，并将搜索结果传送至集中管理的数据库中，接着检索网站会在站点上提供一种表格，供用户检索数据库以寻找其所需的内容。获取网络信息资源的关键在于检索技术的应用。

Internet 检索工具主要提供两种检索途径，即分类目录检索与关键词检索。

（一）分类目录检索

通常情况下，分类目录检索索引数据库也被称为"目录"，该目录与图书馆的目录相似，主要适用于比较简单或宽泛的主题的查询。在使用 Web 分类目录时，读者需要先访问目录站点，再逐层查询下面的子目录。读者选中并点击某个分类目录时，便会进入其下一级子目录或站点列表。如果遇到自己需要的站点，读者可通过点击该站点名称的方式完成页面跳转。

分类目录检索共包含以下几个步骤。

第一步，在 Web 中打开相应的网址，进入搜索工具的主页。

第二步，根据分类目录的结构，逐层查询下面的子目录。

第三步，选中并点击所需类目，或进入选定的下一级子目录，或进入一组站点列表。

第四步，选择所需站点，点击站点名称，进行链接跳转。

第五步，显示与选择检索结果。

（二）关键词检索

关键词检索指的是借助检索索引来查找所需的网页。这种方法比较适合查询那些主题比较窄、具有专指性的内容。

关键词检索有以下几个步骤。

第一步，在搜索引擎上输入相应的网址，进入查询工具页面。

第二步，在信息搜索框中输入相应的关键词。

第三步，提交查询后，搜索引擎立即进行实时交互式的信息查询。

第四步，检索结果的显示。检索结果的页面中通常会显示一些资源标题、资源描述内容，以及获取这些资源的链接，用户可根据这些显示内容再次选择、搜索自己所需的信息资源。

除此之外，还存在一些既适用于网络信息检索又适用于光盘数据检索的计算机检索技术，即全文检索、位置算符、限制检索、加权检索等。

四、网络信息资源检索工具——搜索引擎

在网络环境中，数字信息资源的检索主要是由人们操控计算机来完成的，在检索准确性与效率方面具有较大的优势，能够在很大程度上节约人们的时间与精力，因此，网络信息资源检索也逐渐融入人们工作、学习的各方面。在网络信息资源检索过程中，人们最常用的检索工具便是搜索引擎，它主要是利用计算机的搜索软件在互联网上检索，并将检索到的网页编入数据库、进行标引，当用户输入检索词以后，搜索引擎便会将数据库中与之相符的信息调出来，进而呈现检索结果。

（一）搜索引擎的含义与分类

1.搜索引擎的含义

搜索引擎是一种重要的网络信息资源检索工具，它可以通过特定的策略与计算机程序，从互联网中搜索信息，并对这些信息进行理解、提取、组织及处理，以此为用户提供检索服务，发挥信息导航的作用。目前，搜索引擎提供的信息导航服务已经变成了互联网中不可或缺的一种网络服务，各搜索引擎的站点也扮演着"网络门户"的重要角色。

2.搜索引擎的分类

作为互联网重要的网络信息资源检索工具，搜索引擎的数量十分庞大。按照不同的分类标准，搜索引擎可分成不同的类型。其中，比较常见的有专业搜索引擎、目录搜索引擎、中文搜索引擎、西文搜索引擎、多媒体搜索引擎、关键词搜索引擎等。

（二）搜索引擎的检索技巧

随着搜索引擎的出现，人们检索各种网络信息资源也变得更加方便。但其本身固有的差别通常会让那些不熟悉的用户难以收获理想的检索效果。为了获得更好的检索效果，用户需要掌握相应的检索技巧，灵活运用各种检索策略，具体内容如下。

1.选择搜索引擎

搜索引擎的选择主要取决于检索范围、检索信息的内容与性质。如果要检索细节性问题、具体问题，缩小检索范围，可选择索引式搜索引擎；如果要检

第四章 中学图书馆的文献信息检索与利用

索广泛性信息、大量网址信息，扩大检索范围，可选目录式搜索引擎。

2.确定检索途径

检索途径主要包含关键词检索和分类目录检索两种。检索途径的选择主要取决于检索目的。检索目的不同，需要采用的检索途径也不同。只有选择正确的检索途径才能收获理想的检索效果。

3.选择搜索选项

在搜索过程中，搜索选项主要发挥限定搜索范围的作用，以便于更快找到所需内容。

4.选用搜索关键词

搜索引擎关键词的选择通常不包含泛指词与常用词，应尽量选择下位词与专指词。

5.制定搜索表达方式

熟悉检索主题，利用专指词限定检索范围。

6.利用多种方法，优化检索结果

想要提高查全率，可扩大检索范围，即使用元搜索引擎，弥补单一搜索引擎的不足；尝试其他引擎；使用同义词、近义词，以此更全面地覆盖检索范围；使用多种搜索引擎等。

想要提高查准率，可缩小检索范围，即使用搜索引擎的临近检索、词组检索、二次检索、限定字段等。

7.阅读搜索引擎的帮助信息

阅读搜索引擎的使用规则、操作说明等，有利于提高检索的有效性。每个搜索引擎的功能、用法可能不尽相同，在使用时应以其具体的检索规则为准。除此之外，我们也可以借助中文搜索引擎指南网站，对搜索引擎展开更加深入的了解。

（三）常用的搜索引擎——百度

百度是国内拥有较高技术水平的中文搜索引擎。国内的许多大型网站，如搜狐、新浪、赛迪网等，都采用了百度搜索引擎，由此可以看出百度的影响力之大。

百度拥有全球海量的中文网页库，其网页的数量每天正以千万级的速度在

101

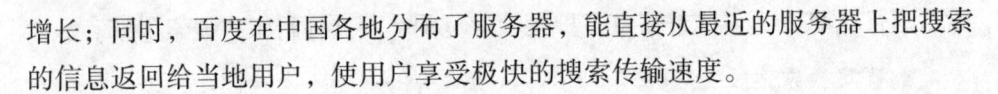

增长；同时，百度在中国各地分布了服务器，能直接从最近的服务器上把搜索的信息返回给当地用户，使用户享受极快的搜索传输速度。

1. 百度搜索引擎的检索方法

百度搜索引擎主要采用的检索方法是关键词检索。用户想要获得某个方面的资料时，只需要在检索框内输入检索内容的关键词，再点击"百度搜索"便能获得检索结果。此外，百度搜索引擎还可以根据用户的不同需求，进行"搜索设置""高级搜索""首页设置"等。

（1）"搜索设置"包含"搜索框提示""搜索语言范围""搜索结果显示条数""实时预测功能""搜索历史记录"几项内容，用户在使用过程中，可根据自己的需求选择"显示"或"不显示"搜索框提示、搜索历史记录，网页内容的语言，显示搜索结果的条数，以及是否开启"实时预测功能"。

（2）在"高级搜索"中，用户可进行以下操作：对搜索结果进行限定，即"包含全部关键词""包含任意关键词""包含完整关键词""不包含关键词"；对搜索网页的时间进行限定，即"全部时间""最近一天""最近一周""最近一个月""最近一年"；对文档格式进行限定，即"所有格式""微软 Word(.doc)""微软 Excel(.xls)"等；对关键词位置进行限定，即"网页任何地方""仅网页标题中""仅 URL 中"；对搜索的网站进行限定，如"baidu.com"。

（3）在"首页设置"中，用户可自行决定"打开"或"关闭""天气模块"，"搜索结果是否在新窗口打开"及"是否开启换肤活动提醒"。

2. 百度搜索引擎的检索技巧

（1）自定义删除。首先在百度搜索网页的搜索栏中，点击鼠标左键两次，会出现以前搜索过的历史记录；其次用鼠标指向你想要删除的历史记录（注意：是指向，不要点击），这时这条历史记录会深色显示；最后点击 DEL 键，就可以删除这条历史记录了。采用这种方法删除搜索历史记录，你可以随心所欲，想删哪条都可以。

（2）百度搜索引擎还具有一些其他特殊功能。

①中文搜索自动纠错功能。即当用户输入检索框的中文文字有误时，百度搜索引擎会提供正确的关键词提示。

②按图片搜索功能。此功能是百度搜索引擎中一种非常受欢迎的特色功能。在检索框右边有一个照相机形状的图标，点击该图标后，检索框下方就会弹出一个虚线框，用户可点击"选择文件"在电脑中找到自己想检索的图片，

或将图片直接拖拽到框内进行检索。在某些时候，这种检索方式比文字检索更加便捷、准确。

五、常用的中学教育网站与数据库的检索使用

中学教育网站与数据库主要通过对教育信息的搜集、加工、存储等，建立信息数据库或网上教育平台，为用户提供各种图书、信息，以及各类学校校园网站、教育教学网站、多媒体教室、教学网、教育教学网络的链接。

（一）国家基础教育资源网

国家基础教育资源网是中央政府为教育资源提供者与使用者提供教育基本公共服务的一次创新。该平台以现有公共基础设施为抓手，以云计算等技术为手段，联合区域教育资源平台与企业教育资源服务平台，共同为各级教育提供服务。

（二）国家中小学智慧教育平台

国家中小学智慧教育平台由教育部主办，是原"国家中小学网络云平台"的升级版。该平台开设了"课程教学""课后服务"、等诸多版块，汇集了大量教学资源，是教师提升自身教学水平，学生学习、掌握知识的重要平台。

第五章　中学图书馆读者工作

中学图书馆读者工作是一种以中学教师、学生为服务对象，以馆藏刊物为手段，以外借、阅览等为主要流通方式，为广大师生提供各项服务的工作。读者工作能与读者进行直接接触，在宣传馆内藏书，以及帮助读者快速、准确找到所需图书等方面有着重要意义。

第一节　读者工作简述

中学图书馆要想为读者提供更好的服务，就需要对其读者工作有一定的了解。下面将围绕中学图书馆读者工作的定义、内容、原则及作用展开论述。

一、中学图书馆读者工作的定义

读者工作指的是图书馆结合本馆读者的阅读需求，充分利用馆内文献资源为其提供文献信息的一系列活动。读者工作的主要目的在于开发并利用图书馆的各项资源，以此来满足读者的阅读需求，其实质是向读者传递信息、传播知识。

中学图书馆读者工作内容丰富、意义重大，它不仅是图书馆工作不可缺少的构成部分，还是图书馆与读者之间的重要桥梁。中学图书馆读者工作指的是以中学生的阅读需求与阅读规律为基础，通过特定的服务方式、方法，组织学生和教师利用馆内的图书资源，接受图书馆的服务活动，并从中获得更多的知识与信息。

二、中学图书馆读者工作的内容与原则

（一）中学图书馆读者工作的内容

虽然从本质角度上来看，中学图书馆读者工作与其他类型图书馆读者工作之间并没有太大差别，但它们开展的读者服务的广度与深度有所不同。中学图书馆读者工作的内容有以下几点。

1. 组织、研究读者

组织、研究读者是中学图书馆读者工作的重要前提，它几乎贯穿了读者工作的各环节。

读者是图书馆服务工作的对象，中学图书馆想要建立起一套具有实用性、高效性的服务体系，更好地满足读者的各项需求，就需要对读者展开深入研究，还要将读者工作与图书馆的藏书建设相结合，了解其所需文献资料的特点，充分掌握其阅读规律与发展变化。只有这样，才能化被动为主动，不断完善服务工作，避免工作的盲目性；进一步提升对读者知识宣传、阅读辅导的针对性，帮助读者更好地利用图书馆；使图书馆的职能得到更充分的发挥，服务质量得到不断提升。

2. 各项读者服务工作

中学图书馆的读者服务工作形式非常丰富，主要有外借、阅览、文献复制、文献宣传、参考咨询、阅览指导与读书活动，以及文献检索（包括网络资源的检索与利用）。

3. 组织管理工作

为了更好地开展各项读者工作，中学图书馆读者工作部门需要进行自身建设与组织管理，包括设置计算机检索系统、改善服务技术手段、健全读者目录与使用方法、建立服务规章制度、确定开放制度与方法、规定辅助藏书的内容范围、建立业务人员管理制度、明确岗位职责、组织劳动分工、配备工作人员、设置工作岗位等。组织管理工作的主要目的在于通过完善读者服务体制、采用先进设备等为读者提供良好的环境，不断提升自身的服务质量，保证读者工作的健康发展。

（二）中学图书馆读者工作的原则

1."以人为本"的原则

中学图书馆在为读者提供服务时，应该坚持"读者第一，服务至上"的原则，这不仅是读者服务工作的精髓，也是"以人为本"原则的重要体现。中学图书馆工作只有坚持"以人为本"的原则，才能得到学校及广大校内师生的认可，图书馆的作用也才能得到更充分的发挥。"读者第一，服务至上"是中学图书馆所有工作的出发点与落脚点，馆内所有工作都必须以读者为中心进行，尽最大努力满足读者的文献需要。

2.教育性原则

作为学校不可分割的一部分，中学图书馆需要与学校教育密切配合。中学图书馆应该充分发挥自身的教育职能，把握好对学生进行课外教育的机会，通过读者服务工作对学生进行科学技术知识教育、思想品德教育、文化知识教育及政治理论教育等。

3.创新服务原则

中学图书馆的创新服务主要涉及服务方式创新、服务内容创新、服务观念创新等方面。在特定观念的影响下，图书馆应积极开展"三全"服务，即"全方位、全开架、全天候"，打造一种与超市相似的服务格局，为校内师生提供更高质量的服务。

4.区分服务原则

区分服务原则指的是图书馆要为各种类型的读者提供更有针对性的服务。在开展读者工作的过程中，中学图书馆需要明确重点部分与一般部分。在藏书的流通借阅范围上，中学图书馆应充分结合馆藏图书的内容实行区别对待，正确把握、控制借阅与可供借阅的原则。中学图书馆应定期组织读者座谈会，加强与读者之间的沟通、交流，积极听取读者建议，不断完善自身工作，提升读者工作的效率、质量。

三、中学图书馆读者工作的作用

（一）体现中学图书馆的职能、方针与任务

中学图书馆读者工作能在一定程度上体现中学图书馆的职能、方针与任务。怎样合理组织读者，为读者提供必要的条件，使读者更便捷地获得所需资

料等，这些都是中学图书馆读者工作需要重点关注的问题。读者工作的质量、水平，会直接影响馆内图书的利用率。因此，中学图书馆应该将读者工作摆在图书馆工作中的重要位置。

（二）反映中学图书馆的社会效益

图书馆服务工作的成效是中学图书馆办馆效益的重要体现。中学图书馆通过传递文献信息的方式，组织召开各项读书活动，向教师提供教学研究、教学参考、课程改革等方面的信息资料，向学生传播科学文化知识，进行思想道德、信息素养教育，从而实现自身的社会效益。因此，图书馆读者工作是衡量中学图书馆自身价值、工作质量的重要尺度，是提升中学图书馆社会效益的途径。

（三）架起中学图书馆与读者之间的桥梁

中学图书馆收藏各类图书的主要目的在于供读者使用。如果没有读者，那么图书馆内的藏书也就失去了保存的意义。因此，图书馆不仅要将馆内的大量文献资源推荐给适合阅读的读者，使图书的利用价值得到更大程度的发挥，还要为各种类型的读者准确提供他们所需的图书，进一步满足其阅读需求。如果读者工作做得不够充分，那么即便是图书资源再充分，目录再完备，也很难达到实现图书馆工作的预期目标。

第二节　中学图书馆的读者组织与研究工作

中学图书馆的读者主要是本校的教师与学生。而对读者进行组织与研究有助于更好地开展读者工作，满足读者的阅读需求。

一、中学图书馆的读者组织工作

（一）发展读者

读者是图书馆的构成要素之一，对图书馆的生存与发展有着重要影响。中学图书馆应该结合自身的性质、任务及方针，充分利用馆内的物质条件，尽最大努力将符合本馆服务条件的人发展为读者。

（二）中学图书馆发展读者的方法

1. 有计划地发展读者

中学图书馆的读者主要是本校的教师与学生。每年教师的调动、学生的毕业与升学都会使学校人员产生新的变化。对此，中学图书馆在发展读者时，要重点关注人员的变动，及时了解校内人员的基数。

每个中学图书馆的设备、空间、经费、人力资源，以及藏书的特点与数量都不尽相同，因此，学校图书馆发展读者，不仅要充分考虑读者的客观需求，还要从图书馆的实际情况出发，实现人力、藏书、设备、经费等方面的协调。

2. 读者登记

读者登记是中学图书馆掌握读者情况的有效途径。借助读者登记，馆内工作人员可以更加深入地研究读者，获得准确的统计数据。

3. 注意培养读者积极分子

中学图书馆应该在每项图书活动中发展读者积极分子，因为他们是保证图书馆各项工作有序召开不可或缺的力量。努力发现并培养读者积极分子，组建业余管理队伍是中学图书馆应完成的重要任务。中学图书馆发展读者积极分子可采取聘请、自愿及推荐等多种方法。

二、中学图书馆的读者研究工作

在中学图书馆的读者研究工作中，最重要的是对读者需求进行研究。中学图书馆读者对文献资料的需求主要包含以下几点。

（一）单一性与稳定性

与公共图书馆、工会图书馆相比，中学图书馆的主要服务对象是本校的教师与学生，读者类型较为单一，且人数也比较稳定。学校的教育教学工作都是按照特定计划分阶段开展的。教学工作的主要任务在于向学生传授科学文化知识，其课程内容与教学计划都需要围绕教学大纲来确定，具有较强的稳定性。因此，无论是教师的教学还是学生的学习，都有着很强的规律性与计划性。而教学工作的稳定性也决定了读者借书的稳定性。图书馆可以根据教学计划，提前掌握读者对文献资料的需求范围，为读者提供更加精准、完善的服务。

（二）集中性

在教学过程中，教学计划、教学内容及教学时间的安排都是在统一的计划中进行的。这也使得读者在借书方面具有集中性，即便他们借阅的图书种类并不集中，但借阅时间也是集中的，特别是学生读者。

（三）反复性

在教学过程中，每个学科的教师对文献资料的需求都呈现出较强的反复性与针对性。这些特征在教学参考书方面则表现得更强烈。由于中学图书馆的读者具有稳定性，且每个学科的教学内容也相对固定，许多文献都能重复利用。学生读者也是如此，当高年级学生毕业后，低年级的学生就会升上来，如此循环，文献资料的反复性也得到了增强。

（四）阶段性

每个学期都包含开学、期中、考试、放假几个阶段，在每个阶段，读者对文献资料的需求都不相同。因此，读者对文献的利用表现出显著的阶段性特征。通常情况下，在开学阶段，读者会将所借的图书还回，再借阅新的图书；在考试阶段，读者借阅图书的种类会比较集中，主要倾向于教学参考书；在放假阶段，读者借阅图书的数量会有所增加，范围也会更加广泛。对此，中学图书馆读者工作需要掌握每个阶段的读者需求特点，及时完成藏书的调整、补充工作，尽最大可能满足读者的需求。

（五）广泛性与普及性

中学图书馆在将教研、教学服务作为工作重点的同时，也要兼顾广大学生的读者服务。因为学生读者是一个非常庞大的群体，他们对文献的需求不但数量大，而且会随着知识的不断更新而变得越来越广泛。

在文献资料的流通过程中，读者使用文献的广泛性是不容忽视的。中学图书馆应该尽可能地将馆内的图书呈献给读者，特别是求知欲强、爱好广泛的学生读者，让他们能够尽情挑选自己喜欢的图书。

第三节　中学图书馆读者工作的主要形式

中学图书馆读者工作的主要形式有外借工作、阅览服务工作、图书推荐工作、声像阅览服务及参考咨询工作。

一、外借工作

外借工作是图书馆图书流通的重要方式。外借工作的主要目的在于通过外借的形式将图书馆内的藏书借给有需要的读者，让读者能够在业余时间利用图书馆的藏书。同时，进一步发挥馆内藏书的使用价值，更好地满足读者的阅读需求。

（一）外借工作的优势

1. 提升读者的工作、学习效率

很多人因为没有过多的闲暇时间或居住地较远，无法专门到图书馆进行阅读；图书的篇幅普遍较长，短时间内很难读完，且图书馆的开馆、闭馆时间也是相对固定的，使得读者的阅读受到了一定的阻碍。而外借工作可以打破时间、空间的限制，读者在将书借回后，可以自行安排阅读的时间与地点大大提升了其自身的工作、学习效率。

2. 有助于缓解阅览室座位不足的情况

由于读者的阅读需求具有阶段性，图书馆无法准确掌握每个阶段读者的到访量，这样一来就可能出现读者人数较多而阅览室座位不够的情况。有了外借工作后，读者便可通过外借形式获取、阅读自己喜欢的图书，在一定程度上缓解了阅览室座位不足的情况。

3. 广泛联系读者，提升图书馆工作质量

外借工作经常涉及与读者的接触，在借书、还书的过程中，工作人员通过与读者的交谈和查看借阅记录，可以进一步掌握读者的阅读兴趣、阅读需求，以便为其提供更准确、完善的读者服务。此外，他们还能在外借工作中，广泛听取读者的建议，并根据相关建议改善自身工作，不断提升中学图书馆的工作质量。

（二）中学图书馆图书外借的形式

1. 个人外借、集体外借、馆际互借、预约外借

从外借服务对象的数量与需要程度来看，中学图书馆图书外借的形式主要包含个人外借、集体外借、馆际互借及预约外借。

（1）个人外借。个人外借是中学图书馆外借图书的方式之一。中学图书馆

读者可凭借本馆借书证件，在借书处以个人借阅的形式借阅所需图书。个人借阅是所有借阅方式中一种比较基本的服务形式，这种形式可以很好地满足广大读者的个性化阅读需求。

（2）集体外借。集体外借是一种通过集体名义向中学图书馆借阅图书的外借形式。这种形式主要适用于那些共同学习、研究的单位团体读者与小组读者。团体或小组需要指定负责人，由负责人代表整个团体、小组向图书馆提交借阅书目、办理相关的借阅手续，所借阅的书将提供给团体、小组内的所有成员阅读。

中学图书馆在组织各种学科竞赛或专题阅读活动中，经常采用这种外借方式。

与个人外借不同，集体外借每次外借的图书种类多、数量大，可以为众多有共同阅读需求的群体提供借阅服务，满足其阅读需求，只需要一人借书就能实现多人享用，在减少其他读者借书、还书时间的同时，也提升了馆内藏书的利用率。对中学图书馆而言，集体外借形式有利于合理分配馆内藏书、减少接待读者的时间，降低馆内工作人员的工作量，使图书外借工作更具针对性与计划性。

（3）馆际互借。馆际互借是中学图书馆与其他图书馆之间利用彼此的馆内藏书来满足读者阅读需求的一种外借形式。它能使馆与馆之间、馆与部门之间形成一种互借关系，以此来应对本馆、本部门难以满足的那些阅读需求。这种互借形式不仅适用于地区范围、国家范围，还适用于国际范围，它在打破读者利用图书资源空间限制的同时，也实现了各范围内图书资源的共享。

（4）预约外借。预约外借即读者通过预约登记的方式，向图书馆提前指定某种目前无法借阅的图书，待图书到馆后，图书馆再按照读者的预约时间通知读者借书的一种形式。在出现以下三种情况时，读者需要预约借书：第一种情况是图书由于排架出错或者因某种不明原因暂时无法外借；第二种情况是图书刚刚到馆，还未完成编目等入库流程，或者正处于互借、复制流程中，待入库后按照预约顺序通知读者借书；第三种情况是图书复本不足或被借阅，待被归还后，会按照预约顺序通知读者借书。无论是以上哪种情况，都能在一定程度上满足读者的借阅需求，降低拒借率，因此这种外借形式也得到了图书馆界的广泛使用。

上面几种外借形式，都采用了化整为零的方法，以整本书为单位，将图书馆的部分图书通过各途径分别借给图书馆的正式读者与潜在读者。在外借服务工作中，中学图书馆主要通过借还的方式来维系自身和读者之间的关系，因此，一旦借还工作停止，图书馆与读者之间的关系也就中断了。相反，如果提升借还频率，合理选择借还形式，这种关系就会得到增强，图书的利用率也会随之提升。但是，图书馆的图书外借服务方式能给读者提供的图书是有限的，想要向读者提供大量高层次的文献资料，还需要借助其他的服务方式。

2. 手工外借与自动化外借

从外借服务手段的角度来看，中学图书馆图书的外借形式主要有手工外借与自动化外借。

（1）手工外借。手工外借即在图书馆工作人员与读者之间面对面进行的一种图书外借服务。读者需要在图书馆提供的读者目录中找到自己想要的图书，填写索书单，注明书号、索书号等信息，提交给图书馆工作人员；工作人员按照索书单上的信息在书库中取出相应的图书，将书袋卡与借阅记录卡交给读者；读者在卡上填写完姓名、借阅证号后交由工作人员核实、盖章并按顺序存放在外借处。注意：如果图书馆采用的是开架或半开架的借阅方式，则不需要填写索书单，选择所需图书后直接办理外借手续即可。

（2）自动化外借。随着计算机技术的不断发展，很多中学图书馆都采用了自动化管理，图书流通工作可以利用计算机来完成，大大提升了服务读者的效率。读者在图书馆中挑选所需图书，找到图书馆工作人员办理借阅手续，工作人员只需要拿着扫描仪轻轻一扫就能将读者借阅证输入计算机内，接着再扫描图书的条形码就能完成图书的外借手续，操作起来十分方便。还书时，工作人员只需要检查外借的图书有无污损情况，再用扫描仪扫描图书的条形码，图书的归还手续便完成了。

二、阅览服务工作

作为图书馆与读者间的重要纽带，阅览服务工作指的是图书馆在一定的阅览条件下，充分利用馆内文献资料为读者提供的一种服务形式。阅览工作是评定图书馆读者服务质量的重要指标之一。

中学图书馆阅览服务工作主要指的是阅览室工作。阅览室不仅是为读者提供阅读服务的场所，还是中学生课外阅读、教师教研与学习的重要阵地。中学图书馆的阅览服务工作对学生的思想教育，以及整个学校的教育教学工作都有着重要的影响。

（一）中学图书馆阅览服务工作的作用

作为中学图书馆读者工作的主要形式之一，阅览服务也发挥着其独特的作用。

1. 有利于读者广泛阅读、使用馆内文献

图书馆内收藏着丰富的文献资料。图书馆可以通过阅览服务工作，特别是开架阅览，使读者直接接触各类文献资料，从而掌握更加全面的知识。此外，随着信息时代的到来，知识更新的速度变得越来越快，教师想要跟上时代的步伐，就要不断获取新的信息、知识。而阅览室的文献具有信息快、资料新的特点，因此它也成为读者获取、利用文献的重要场所。

2. 为广大读者提供工作、学习场所

图书馆阅览室具有舒适的桌椅、安静的环境、良好的秩序，以及有助于阅读的设备。在良好的学习环境与群体心理的影响下，读者更容易将注意力集中在学习、研究中。因此，图书馆阅览室是广大读者工作、学习的理想场所。

3. 有利于培养学生的自主学习能力

图书馆馆藏丰富、图书种类繁多，对广大学生读者有着较强的吸引力。通过阅览服务，他们可以接触更多具有知识性、趣味性的图书，在一定程度上满足自身的求知欲。

与小学生相比，中学生的阅读能力更强，思维也更加活跃，应该让他们更广泛地认识世界，在掌握知识的过程中发展兴趣，在发展兴趣的过程中开发智力。因此，要让他们从自身兴趣出发，自己选择阅读书目，提升自学能力。

4. 便于读者选择、查询、利用文献

通过阅览服务，读者可以直接接触文献资料，自由选择所需文献，及时更换不适合的文献。与外借服务相比，借阅服务可以不受借阅手续的限制，连续使用文献。

根据阅览室藏书组织原则，阅览室可以将那些不支持外借的珍本、孤本图书资料、图书馆特藏，以及图书馆的内部资料提供给读者，读者可以在阅览室内查阅、利用这些资料，这样不仅能在更大程度上满足读者需求，还能有效提高藏书的利用率。

5. 有利于图书馆其他服务工作的开展

中学图书馆阅览服务为工作人员营造了与读者进行直接接触的环境。工作人员可以通过与读者的沟通、交流，进一步了解读者的阅读范围，掌握其阅读需求，为图书宣传、阅读指导、参考咨询等工作的顺利开展提供便利条件。

（二）中学图书馆阅览服务工作的类型

中学图书馆阅览服务工作的类型主要包括传统阅览服务、电子阅览服务、网络阅览服务及文献复制服务。

1. 传统阅览服务

传统阅览服务指的是图书馆通过设立阅览室为教师读者与学生读者提供其所需资源的服务方式。通常情况下，阅览室内会摆放教学参考书、工具书、报纸、期刊等读者使用率较高的图书。学校可结合自身实际情况，分别设立文科阅览室、理科课阅览室，教师阅览室、学生阅览室，现刊阅览室、过刊阅览室等。

2. 电子阅览服务

电子阅览服务是和数字图书馆联系在一起的，指的是图书馆向教师读者、学生读者提供大量电子图书、多媒体素材与资源库、随书光盘与教学资源等，供其阅读、利用的阅览服务方式。通过电子阅览服务，读者无须从书架上查找自己所需的书在桌子上阅读，一切都能在电子阅览室中进行。与传统阅览室相比，电子阅览室不向读者提供纸质图书，只向其提供电子版的图书、课件、题库资料、多媒体音频资料等。

3. 网络阅览服务

网络阅览服务是在电子阅览服务基础上发展而来的，是一种图书馆为读者提供网络环境，帮助其实现在线阅读图书、查找资料的阅览服务方式。中学图书馆通过连接校园网、Internet，便能实现电子图书资料查询、线上沟通、浏览信息等多种功能。

4. 文献复制服务

文献复制服务是一种以文献复制为手段，向读者提供流通、传递、使用文献资料功能的新型服务方法。从某种意义上来说，它是传统的外借服务与阅览服务的延伸。

文献复制服务不仅能有效提升文献的利用率，满足读者对特定文献的占有

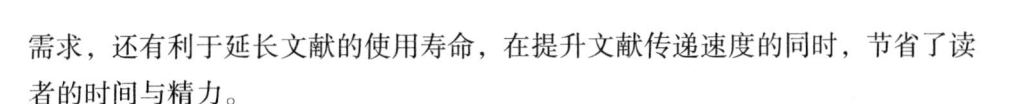

需求，还有利于延长文献的使用寿命，在提升文献传递速度的同时，节省了读者的时间与精力。

常见的文献复制服务方式有计算机扫描复制服务、静电复制服务，以及缩微复制服务。

（1）计算机扫描复制服务即计算机扫描技术，它是一种通过扫描仪将文献资料扫描到计算机上，保存至U盘、磁盘上，或直接利用网络将电子文献传递给读者的一种文献复制服务方式。读者在收到文献资料后，可通过计算机进行阅读、利用。

（2）静电复制服务即复印服务，它是一种利用集机械技术、电子技术、光学技术，以及静电成像技术于一体的复印机，对各种文献资料进行复印，并将复印得到的文献资料提供给读者的文献复制服务方法。

（3）缩微复制服务主要利用照相机原理，即利用专业的设备、工艺及材料，将文献资料以缩小影像的形式保存在胶片上，再通过一定的加工程序制成缩微品提供给读者。缩微复制技术在降低管理费用、保护文献原件等方面贡献了巨大力量。缩微品也成为一种比较理想的保存文献的载体。但缩微复制技术对人员、设备及技术等有着较高的要求，因此这种方法基本没有在中学图书馆中使用。

随着科学技术的普及及学校办学条件的改善，很多中学图书馆都配备了扫描仪与复印机，为读者提供计算机扫描复制服务与静电复制服务。

三、宣传推荐服务

宣传推荐服务指的是中学图书馆将馆藏资源介绍给众多教师读者、学生读者，并通过各种手段传递文献信息，帮助读者理解文献资料的价值，引导其正确、有效地利用图书馆内的各种文献资源。

（一）宣传推荐服务的意义

1. 有利于扩大中学图书馆的影响力并吸引读者

图书馆的宣传推荐是图书流通的前提，是阅读辅导工作的基础，它会对整个图书馆藏书的推广、使用率产生直接影响。如果没有宣传推荐工作，图书馆内许多藏书的使用价值就无法得到充分发挥。因此，中学图书馆应组织好图书的宣传推荐服务工作，引导读者了解图书馆，充分利用图书馆，主动向他们推荐图书馆内的新书、优秀书籍，吸引更多读者到馆，不断扩大图书馆的影响力。

2. 有利于揭示馆藏

图书馆宣传推荐服务与图书馆目录都具有揭示馆藏的作用,但两者的不同之处在于,图书馆目录是针对所有的馆藏,揭示整个图书馆的馆藏,而宣传推荐服务只针对部分馆藏,它会将图书馆中比较优秀、具有实用性的文献资料揭示给读者;图书馆目录主要通过目录组织的形式来揭示馆藏,而宣传推荐服务主要以抽象评论或抽象描绘的方式来揭示馆藏,进而加深读者对图书馆的认知。

3. 有利于扩展学生读者的课外阅读范围

初中阶段的学生会逐渐具备自学能力与独立阅读能力,高中阶段的学生思维力、想象力会变得更加活跃。随着年龄与各项能力的不断提升,他们需要阅读更广泛的图书,获得更多的知识。中学图书馆的宣传推荐服务可以通过向学生读者介绍合适的图书形式,来扩展其课外阅读范围,提升其课外阅读量。

4. 有利于教师读者的教学与进修

在教育教学方面,图书馆的宣传推荐服务可以向教师介绍他们所教授学科的参考书,以及组织各项班级活动的专题资料;在进修方面,图书馆的宣传推荐服务可以向教师介绍知识更新,以及进修提升方面的图书资料。因此,宣传推荐服务是中学图书馆读者服务中的重要内容,对教师读者的教学与进修有很大的帮助。

(二)宣传推荐服务的原则

中学图书馆在为读者提供宣传推荐服务时,需要遵循以下原则。

1. 推荐新书、好书

虽然中学教师和学生在文献选择与利用方面有着不同的特点及要求,需要向他们推荐的图书种类也不相同,但这些都要符合"新"和"好"两个特点,因为只有与时俱进、质量优秀的图书才有助于提升教师读者的知识才干,培养学生读者的道德情操。

2. 针对性

(1)针对读者对象宣传推荐图书。中学图书馆在开展宣传推荐服务工作时,需要结合读者对象的实际需求与具体特点,有针对性地推荐图书。

（2）针对不同的活动进行宣传推荐。在教学过程中，学校会根据不同时期的工作重点，组织召开各种类型的活动。对此，图书馆需要紧紧围绕活动主题，开展相应的宣传推荐服务工作。

（3）针对课程内容宣传推荐图书。图书馆工作与教育教学工作有着非常密切的关系，是课堂教学的有效补充，因此，图书馆的宣传推荐服务也不能忽视课堂教学的内容。中学图书馆应积极向读者推荐与课程内容相关的图书，起到深化、巩固教学内容，拓宽学生知识面的作用。

3. 准确性、及时性、多样性

中学图书馆宣传推荐服务需要做到准确、及时、多样。这一点对教师读者来说至关重要。随着科技的发展、社会的进步，知识门类在不断扩展，知识内容在不断更新，中学教师只有不断了解新的知识，不断提升自身的知识储备，才能保证教学质量，给予学生正确的指导。

（三）宣传推荐服务的形式

1. 新书陈列

宣传推荐服务中的新书陈列指的是，图书馆将新到馆的图书资料按照特定的次序分门别类地陈列在馆内的某个位置，供读者阅览，接着再分批次对图书进行分类目编目，以强化图书到馆后与读者见面的时效性。这种宣传推荐形式凭借着简单、新颖、及时、便于操作等优势，得到了中学图书馆的广泛使用。

2. 黑板报、宣传栏

在中学图书馆众多宣传推荐形式中，黑板报、宣传栏是最简便、经济的一种形式。中学图书馆可以利用黑板报、宣传栏定期或不定期地将优秀图书推荐给读者，或反映读者心声、宣传各种图书活动等。这种形式不仅操作性较强，还很受读者青睐。总之，中学图书馆应对黑板报、宣传栏这一重要形式进行合理利用、充分开发，为读者提供更高质量的宣传推荐服务。

3. 主题展览

中学图书馆宣传推荐馆内藏书的形式还包括主题展览，即根据学校开展的节日、纪念日等大型教育活动，向读者推荐与活动主题相关的图书。这种形式不仅能有效烘托活动氛围，还能加强与学校工作之间的配合，使中学图书馆的职能得到更充分的发挥。

4.校园网、图书馆网

随着网络技术的应用与普及，很多中学都纷纷建立了本校的校园网、图书馆网。图书馆应充分发挥网络优势，将宣传推荐服务与网络相结合，在校园网或图书馆网上发布新书、好书的相关信息，激发读者的阅读兴趣。

上述几种宣传推荐服务的形式各有利弊，中学图书馆可结合自身需求与实际条件进行选用。除此之外，中学图书馆还可采用宣传手册，创办馆报、馆刊，以及利用现代信息技术等方式，开展形式新颖、内容丰富的图书宣传推荐工作，以提升图书馆为读者服务的质量，推动中学图书馆工作的全面开展。

四、声像阅览服务

声像阅览服务是一种通过校园电视、播音室、录像机、录音机等设备，为读者提供音像资料的服务。现阶段，中学图书馆提供较多的服务便是多媒体欣赏、外语听力训练等。中学图书馆中不仅收藏了大量纸质文献资料，还收藏了外语教学、生活知识、科普等大量多媒体资料，为广大师生读者提供了丰富的资源，以及良好的声像阅览服务。

五、参考咨询工作

（一）参考咨询工作的内容

读者在查阅、利用图书的过程中，可能会遇到各种各样的问题。图书馆的参考咨询工作就是帮助读者解决这些问题，如利用各种工具书、书目索引等，为读者查找资料、提供资料。

中学图书馆的参考咨询工作主要包含参考工作与咨询工作两个方面。虽然这两种工作采用的方法不同，但它们有着相同的目的。参考工作的主要内容是书目工作，即工作人员需要结合读者需求，在文献调查的基础上，编辑书目、文摘、索引等；咨询工作的主要内容是解答问题，常用的方式有书面解答和口头解答。中学图书馆的参考咨询工作是一项为师生读者编写参考书目、解答疑惑的较深层次的读者服务工作。

（二）参考咨询工作的分类

1.文献检索性咨询

文献检索性咨询指的是根据读者的问题，通过查找指定文献、文献线索，

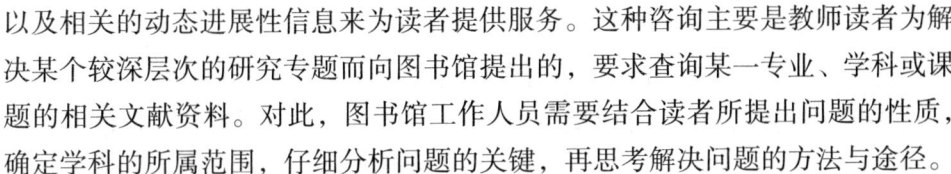

以及相关的动态进展性信息来为读者提供服务。这种咨询主要是教师读者为解决某个较深层次的研究专题而向图书馆提出的，要求查询某一专业、学科或课题的相关文献资料。对此，图书馆工作人员需要结合读者所提出问题的性质，确定学科的所属范围，仔细分析问题的关键，再思考解决问题的方法与途径。

2.辅导性咨询

辅导性咨询是一种针对读者在查阅文献过程中遇到的各种问题而展开的咨询活动。辅导性咨询可细分为事实性咨询与方法性咨询。

（1）事实性咨询即通过查阅各种工具书来解决读者提出的一般性问题，如查找具体的人、数据、事件、产品等。解答问题的形式有两种，一种是直接回答，另一种是引读或直接阅读工具书的内容。

（2）方法性咨询即帮助读者解决那些因不熟悉检索方法而遇到的问题。这种咨询有着很强的主动性，图书馆工作人员可充分发挥自身熟悉馆藏与检索工具的优势，为遇到问题的读者提供帮助。

（三）参考咨询工作的步骤

中学图书馆参考咨询工作的过程就是一个分析问题、解决问题的过程，主要包含以下几个步骤。

1.受理咨询

读者通过口头、电话、书面或者邮件等形式向图书馆工作人员提出问题，再由工作人员将读者提出的问题记录下来。

2.分析问题

图书馆工作人员在接受咨询之后，就需要对该问题进行细致分析，分析内容包括问题的性质、学科范围、学科背景，以此更加全面地了解读者的需求情况。

3.检索文献

检索文献是指根据读者提出的问题，以调查分析为基础，按照一定的步骤、途径、方法来查找文献。

4.答复

答复是指将检索得到的信息传递给读者。

5. 建档

建档是指通过建立咨询档案的方式进行咨询工作的经验总结。对中学图书馆来说，这不仅仅是一份简单的总结，更是一份具有重要参考价值的文献资料。

第四节 阅读指导与读书活动

阅读指导是帮助读者独立选择图书、阅读图书、利用文献资料，以及正确使用图书馆的重要服务工作；而读书活动是以读书为主要目的而开展的有组织的活动。两者都是中学图书馆读者工作的重要构成部分。

一、阅读指导

阅读指导也被叫作"阅读辅导或导读工作"，指的是图书馆主动宣传馆藏资料，在充分了解读者需求的基础上，对读者在阅读目的、阅读方法、阅读内容等方面给予积极影响的教育活动。对中学图书馆而言，对学生读者进行阅读上的指导与帮助，引导其掌握各项阅读技巧、方法，培养阅读兴趣，形成良好的阅读习惯，是图书馆读者工作的重要内容。

（一）阅读指导的内容

1. 阅读内容的指导

中学图书馆阅读指导的主要服务对象是学生。首先，工作人员在推荐目录的引导下，针对不同的阅读目的、阅读材料，采用精读、浏览、速读等阅读方法，引导学生学会自主选择正确的阅读材料，提倡读好书、读整本书。其次，工作人员引导学生阅读推荐书目和名著，使其能够正确辨别图书的健康性，利用电影、美文欣赏、专题讲座、文学评论等方式，激发学生的阅读兴趣，最终逐步完成阅读计划。图书馆工作人员在进行阅读指导的过程中需要注意，对于不同年级的学生读者应该采取不同的指导方式。

2. 介绍阅读方法，提升阅读技巧

学生在阅读过程中，如果没有运用恰当的阅读方法往往很难取得理想的成效。中学图书馆阅读指导服务中通过阅读实践，介绍速读、浏览、精读的方法，并制订阅读计划，帮助学生掌握读后感、读书笔记、索引和文摘的正确写法。一般而言，读书方法有四种，分别是泛读法、精读法、笔记读书法及综合读法。

（1）泛读法。泛读法通过用比较快的速度阅读部分文本的方式，找到所需的知识信息，获得对文献内容的大体印象。泛读法还可细分为浏览法、跳读法和飞读法。

①浏览法是一种通过快速翻阅文献方式大致掌握图书主要内容的方法。这种方法翻阅的内容为作者介绍、内容提要、序言、目录、后记及参考文献等。

②跳读法指的是在阅读过程中，为了获取自己所需的知识信息，而舍弃与该信息无关内容的方法。

③飞读法指的是为了找到特定信息而快速"扫描"文献内容的方法。它也被叫作"掠读法或察读法"。与浏览法相比，飞读法不仅阅读速度更快，目标也更集中。

（2）精读法。精读法即一种仔细阅读、研究文献内容，揣摩作者写作深意的方法。这种方法比较适用于学派代表作品、基本教材，以及经典作品的阅读。通过精读法，读者能更全面地掌握文献内容，深入了解作者的写作意图。精读法还可分为问题引导法、分析阅读法与熟读深思法。

①问题引导法是一种以问题为注意力的焦点，由问题带领读者进行阅读的方法。关于问题，它既可以是读者浏览书名、序言、章节标题时产生的问题，又可以是读者在选择此书时萌生的问题，还可以是在刚开始读这本书时设置的问题。这些问题可以激发读者的求知欲，引导其进行定向探究，让阅读过程更具主动性。

②分析阅读法要求读者将整本书看作一个整体，再将这个整体分成若干个部分，分析出其各构成要素，找到要素间的层次结构与有机联系。通过这种方法，读者可以将内容复杂的图书简单化、条理化，有效提升阅读效率，但这种方法也要求读者具有较丰富的读书经验与较强的分析能力。

③熟读深思法是一种比较传统的阅读方法。它可分为"熟读"和"深思"两个部分。"熟读"指的是通过通读、细读、反复读等阅读形式，达到熟练甚至是能背诵的程度；"深思"指的是通过多思考、反复思考，达到精通甚至是能高瞻远瞩的地步。这种方法主张记忆与理解的统一，力求将书本知识为我所用。

（3）笔记读书法。笔记读书法是一种将读书笔记融入阅读过程的方法。其主要特点在于手眼并用，实现读和写的结合。笔记读书法可以让读者的注意力在阅读过程中变得更集中，从而使读者可以更透彻地理解书中内容，更准确地获取所需知识。笔记读书法主要有以下几种形式。

①摘抄式笔记。摘抄式笔记是指读者在完成阅读后，选择性地抄录书中内容的笔记形式。抄录内容包括范例、公式、名言警句等。摘抄式笔记有利于读者加强对书中内容的理解与记忆。

②索引式笔记。索引式笔记是读者泛读、精读的图书的目录总汇。有了索引式笔记，读者想要查找原始文献、制订读书计划也会变得更加容易。

③心得式笔记。心得式笔记是一种集阅读、写作、思考于一体的笔记形式。读者可以通过书写心得笔记来巩固、强化自己的阅读成果。

④批注式笔记。批注式笔记是指读者在图书空白处标注相关评语或注释的笔记形式。批注式笔记有利于培养读者独立思考的习惯，提升读者的思维能力。

⑤提要式笔记。提要式笔记是一种读者将书中的观点、主题、核心思想等用自己的语言表述出来的笔记形式。提要式笔记对读者掌握书中的主要内容有着很大的帮助。

⑥符号式笔记。符号式笔记是一种利用各种符号将书中的难点、重点、疑点分别标注出来的笔记形式。符号式笔记不仅能促进读者进行阅读思考，还能在日后复读时，帮助其快速找到书中的重点内容。

（4）综合读法。综合读法通过充分调动人体认知器官，使用各种阅读方法来收获最大的阅读效益。通过运用综合读法，读者可以调动思维器官与感觉器官，让注意力变得更加集中；可以培养并提升自身的思维能力、阅读能力、写作能力、口头表达能力等。

3.读书卫生知识辅导

读书卫生知识辅导指的是中学图书馆工作人员向学生读者传递图书保护、阅读距离、姿势、光线、翻书习惯、个人道德，以及图书馆公共区域环境卫生等方面的知识，引导其保护眼睛、卫生用眼，让学生懂得每次阅读的时间不宜过长，每隔半个小时就需要休息一下，通过向远处眺望或做眼保健操的方式来缓解眼睛疲劳。此外，中学图书馆工作人员应教育学生不要在行走中、躺着、坐车时看书，更不应在光线过强或过弱的环境里看书。

（二）阅读指导的形式与方法

中学图书馆阅读指导主要包含口头形式、书面形式和直观形式。

1. 口头形式

口头形式的阅读指导有文献讲座、个别交谈，以及各种类型的读者集会。

2. 书面形式

书面形式的阅读指导指的是利用书目、书评等文字材料宣传图书。图书馆通过组织读者书评小组，对各种文学、社会科学等书籍开展书面的书评活动，引导读者正确选择图书。

3. 直观形式

直观形式的阅读指导包括文献展览，以及各种声像技术手段。

图书馆开展阅读指导的具体方法有网络辅导、竞赛式、展览式、文字式、结社式、观摩式、集合式、授课式、对话式等。

图书馆可结合自身实际条件，选择开展阅读指导活动的形式与方法。

（三）阅读指导课程的开设

阅读指导课程是一种以中学图书馆为依托，以培养学生读者阅读能力、阅读兴趣为目标，以图书管理人员、学科教师为主导，以课程的相关标准为参考，把"阅读"作为一门选修课程来运作的教学模式。

1. 开展阅读指导课的理念

（1）阅读是一种权利。阅读不仅是素质教育的重要内容，还是中学生在成长过程中不可或缺的精神需要与文化权利。因此，我们应该努力创造相关条件，保障学生阅读。

（2）阅读能给人带来快乐。快乐在阅读中贯穿始终，阅读的起点是追求快乐，阅读的过程伴随着快乐，阅读的效果要充满快乐。中学图书馆应该让学生充分感受到阅读带来的快乐，逐渐养成一种阅读习惯，并让这种习惯伴随他们的一生。

（3）提倡"绿色"阅读。阅读是一种重要的精神活动，在阅读过程中学生可以得到心灵上的净化、智慧上的启迪。课程化阅读应该脱离单纯某个学科知识体系的传授目的，弱化功利性与实用性，使阅读变成构建学生精神世界、价值观念的手段与行为，实现人格的升华，达到心智的全面发展。

2. 开展阅读指导课的主要条件

（1）教学行政保证。开设阅读指导课程首先要得到学校领导的重视，站在教学角度认可以图书馆为中心的课程化阅读模式，将其纳入本校的教学体系中，制定相应的教学大纲，实行教师课堂教学的管理方式，保证阅读指导课程的顺利开展。

（2）教学环节保证。想要获得预期的课程效果，阅读指导课必须明确教学形式，通过教学形式保证教学效果。

（3）保证阅读时间。阅读指导课对阅读量有一定的要求，因此阅读时间也需要得到保证。在阅读时间方面，阅读指导课要求每周安排固定的时间段进行集中阅读，同时，个人可结合自身需求自由安排时间进行精读。

（4）教师辅导到位。阅读辅导教师不仅要向学生传授正确利用图书馆的方法，还要使其掌握基本的阅读技巧，阅读水平得到提升。对此，阅读指导课教师需要由懂得阅读理论且熟悉图书管理的人来担任。

（5）教学原则落实到位。阅读指导课需要放弃"精读细讲"的教学模式，而采用"不讲多读"的教学模式，这样才能区别于语文课程中的阅读教学，更好地体现新课程观念中的教学理念。阅读指导教师采用引领的方式，让学生结合自身喜好与需求，在图书馆内自由地选择图书、报刊等进行阅读，而不对学生的阅读做硬性要求，保证"自由式"阅读。

（6）构建科学的阅读测试体系。对学生的阅读效果进行有效测评也是阅读指导课非常重要的一部分。阅读效果测评主要包含以下内容。第一，阅读范围。阅读范围的考查不应只局限在学科内容，还要跳出学科范围，在更广的知识层面上进行考查。第二，阅读技巧、阅读速度、对文献内容的理解程度、联想与对比能力、分析评判能力、逻辑表达能力。第三，学以致用能力，即学生可以利用书中的知识、观点来解决现实生活中的具体问题。

3. 阅读指导课的特征

阅读指导课的特征主要体现在教学目的、教学特征、教学环节几个方面上。

（1）教学目的：激发阅读兴趣，传授阅读方法与技巧，扩大阅读范围，验收阅读效果，提升阅读能力；在提升阅读能力的同时，拓宽学生的视野，提升其文化素养；通过阅读指导课使学生养成自主阅读的习惯；在阅读鉴赏活动中，帮助学生丰富精神世界，升华自我人格，使其学会多层面、多角度地观察生活，获得更多的情感体验与生活经历，对人生、社会和自我产生新的思考与感悟。

（2）教学特征。①自主性。学生读者是阅读指导课的主体。阅读指导课应从学生阅读的兴趣与不足出发，通过教师的引导，培养学生养成自主阅读的习惯，不断提升自身阅读能力。其中，自主性体现为在相同的阅读教学要求下，学生能自由选择阅读的书目、方式及时间，教师只能向学生推荐阅读书目而不能强制其阅读某些图书。②科学化。科学化的重要前提是教学的量化，也就是要明确教师的授课时间、学生的阅读时间，教师授课时间不应超过学生的阅读时间，且除了教师的传授之外，学生获得的阅读技巧应主要来源于阅读实践。对阅读指导课而言，科学化代表着考核的合理化。

（3）教学环节：提供阅读资源—营造良好的阅读环境—以阅读计划为基础，分年级撰写阅读课教案—开展阅读培训—组织阅读讨论与交流—开展阅读活动—布置阅读课外阅读书目—安排阅读测试—得出阅读成绩。

阅读指导课是中学图书馆阅读指导课程必不可少的形式。中学图书馆想要顺利开展阅读指导课，首先要结合学校的实际条件，明确自身的任务，其次要正确把握课程的实践性、新颖性，教育的启蒙性及自学辅导性。阅读指导课需要以"激趣""导向""导法"为主，与"导思""导写""导行"结合；以引导学生自主阅读为主，配合思想教育、其他教育；以图书馆馆员讲解为主，配合其他教师的讲授；以传授阅读方法、技巧辅导教育为主，配合各科教学活动。

中学图书馆开设阅读指导课程的主要目的在于让学生了解图书馆的基础知识，意识到图书馆是其进行课内外学习的重要阵地，为终身利用图书馆奠定基础；激发学生的阅读兴趣，开阔视野，收获读书方法，兼顾课内外学习；调动学生的学习积极性，培养其搜集、处理、利用信息的能力，充分发展学生的个性才能。

二、读书活动

中学图书馆需要以"读书"为主题，有组织地开展各种读书活动。中学图书馆读书活动的主要目的在于倡导广大读者好读书、读好书，大力推动书香校园的建设。积极组织开展读书活动是丰富中学图书馆服务内容、提升图书馆服务品质、构建美好校园生活的有效途径。

(一) 读书活动的意义与作用

与中学的其他部门相比，图书馆在召开读书活动方面有着较大的优势。中学图书馆可以通过组织开展一系列读书活动，扩大影响力，吸引更多的读者到访，从而实现提升学生整体素质，形成健康、良好的校园文化，推动和谐校园的建设进程等目标。此外，通过读书，教师能够收获大量的教学知识，提升教学水平与个人修养；学生能够开阔视野，启迪智慧，促进身心的全面发展。

读书活动是围绕图书而开展的，图书馆凭借丰富的馆藏图书为读书活动奠定了重要的物质基础。读书活动在为广大读者提供利用图书馆新途径的同时，也在很大程度上提升了图书馆藏书的利用率。

(二) 读书活动的形式

中学图书馆要想通过读书活动吸引更多的读者参与，就需要采用丰富的、读者喜闻乐见的形式，因为只有这样才能提升图书馆对广大读者的凝聚力和吸引力。

1. 读书节、读书月活动

读书可以开阔视野，使读者获得更多的知识。为了帮助学生养成良好的读书习惯，营造理想的校园环境，建设书香校园，许多中学都纷纷开展了读书节、读书月活动，通过举办师生共读、亲子共读、读书心得交流会、中华经典诵读、读后感征文等一系列活动，提升图书馆馆藏的利用率，在校园内营造出浓厚的读书氛围。

2. 组织开展知识竞赛

知识竞赛可以对学生起到激励作用，让更多的学生走进图书馆，利用图书馆，积极参与图书馆开展的读书活动。

3. 举办知识讲座

中学图书馆可以将学生在学习、生活过程中经常遇到的一些问题或社会上的热点问题等内容作为主题，举办专题知识讲座，并邀请校内外的专家就该问题帮学生进行解剖分析，使专家与读者、读者与读者之间建立良好的沟通关系，从而营造出更加活跃的校园氛围。

4. 举办读书征文活动

征文也是中学图书馆众多读书活动形式中的一种。中学图书馆可以围绕某个主题或某本书，举办一场征文活动，让学生把读书的心得体会写下来，参与评选；在评选结束后，再将那些优秀征文放到校园网、图书馆馆报或校报上进行宣传，让学生进一步感受读书的意义。

5.在班级设立图书角、图书箱

在每个班级设立图书角、图书箱有利于扩大图书馆的阅读阵地，为学生的阅读提供便利条件。除了由学校统一配置图书角、图书箱之外，班级也可自行购置或采用同学间交换图书的方式进行阅读。

6."读书能手"评选活动

在每个学期或学年的末尾，中学图书馆可以根据流通统计数据，从众多学生读者中，评选出一批读书量较大、读书方法较好、读书有效果，以及爱护图书的"读书能手"，以此引导学生多读书、读好书，吸引更多的读者利用图书馆资源。

7.开展线上读书活动

网络的应用与普及给人们的学习和生活带来了翻天覆地的变化，许多图书馆也逐渐具备了网络条件，现在已经有大量读者掌握了网络的使用方法。对此，中学图书馆可以充分利用网络技术，开展线上读书心得交流会、好书推荐、读书征文等读书活动。

除此之外，中学图书馆还可以组织读者沙龙、朗诵会、辩论会等形式多样且内容新颖的读书活动。开展各种读书活动的目的就是增强读书活动的实效性与趣味性，使中学图书馆的职能得到进一步发挥。

8.举办读书成果展示活动

中学图书馆可以举办读书成果展示活动，提升自身的影响力，向读者展示一些好的阅读经验与方法，使读者间实现互相学习、互相借鉴。

（三）开展读书活动的基本条件

1.得到校领导的重视，健全组织

中学图书馆想要顺利开展各项读书活动，只凭借自身的努力是远远不够的，还需要得到校领导的重视，因为各部门间的通力合作是读书活动顺利开展的重要基础。如今，很多中学在开展读书活动的过程中，组建了以校领导为组长，教务处、政教处、团委等部门为主要成员的读书活动小组。

2. 纳入学校计划，确保实施

各中学在制订学校工作计划时，应该将读书活动考虑在内，将其纳入学校整体规划中，纳入学校德育工作中，这样不仅能保证图书馆读书活动的顺利开展，还有利于增强读书活动的计划性与目的性。

3. 与学科教育相互渗透

在开展读书活动过程中，学校要重视读书活动与学科教育之间的相互渗透，将读书活动内容渗透进化学、物理、语文、历史、政治等学科的教育教学中。对此，各科授课教师应了解并积极参与读书活动，以学科教学实际为基础，在其中融入书中内容渗透到教学目标。与此同时，学校也可成立专门的小组，负责旁听相关教师的授课，收集相关信息，以此不断提升读书活动的实际效果。

4. 与校园文化建设相结合

现在的学校都非常重视校园文化建设，提倡建设书香校园、学习型校园、绿色校园等。图书馆工作作为中学校园工作不可分割的一部分，应该努力发挥自身职能，将读书活动与校园文化建设相结合，与各部门携手共同营造良好的校园文化环境。例如，利用校园广播、国旗下讲话、宣传栏等形式，积极宣传读书活动；向学生推荐好书，引导其分享读书后的感受、心得；组织文化艺术节、校园科技节等，充分把握每次机会，全面促进读书活动的开展。

5. 与家校组织密切配合

家庭教育对学校教育至关重要，目前，很多中学都纷纷开展了各种形式的家校合作，组建了家长学校等组织。对此，中学图书馆应充分利用这种组织，积极宣传读书活动的作用与意义，或发起"家长、教师、学生共读一本书"等读书活动。在这类活动的持续开展下，不但学生可以获得大量的知识，学生家长也能受到感染而加入读书活动中，有利于全民读书、终身学习良好社会风气的形成。

6. 合理利用现代信息技术

随着网络技术和信息技术的应用与普及，许多具备相关条件的中学图书馆都纷纷开展了线上读书活动，以此激发学生的阅读积极性。

7. 采用恰当的激励制度

在读书活动开展过程中，采取恰当的激励制度，可以为学生树立学习榜

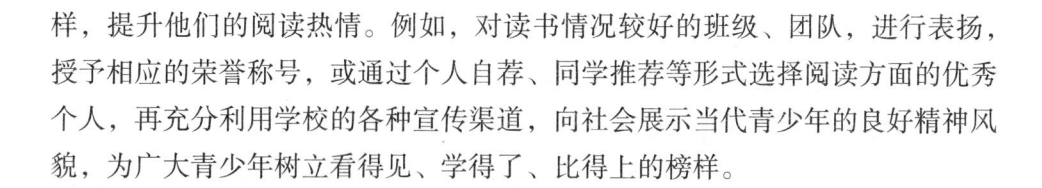

样，提升他们的阅读热情。例如，对读书情况较好的班级、团队，进行表扬，授予相应的荣誉称号，或通过个人自荐、同学推荐等形式选择阅读方面的优秀个人，再充分利用学校的各种宣传渠道，向社会展示当代青少年的良好精神风貌，为广大青少年树立看得见、学得了、比得上的榜样。

第五节 读者工作的统计与规章制度

读者工作的统计与规章制度既是中学图书馆读者工作的重要构成部分，也是评价图书馆服务质量的关键。中学图书馆要想强化科学管理，促进馆内各项工作的开展与提升，就需要注重读者工作的统计与规章制度。

一、读者工作的统计

作为读者工作中的重要构成部分，读者工作的统计是对图书馆服务效益进行评价、实现科学管理的重要凭证。如果没有统计、分析，便无法实现图书馆的科学管理。通过读者工作的分析，我们能进一步掌握图书馆藏书的利用情况，以及馆内读者需求变化的情况，获得读者对图书馆服务的反馈，分析现阶段图书馆服务工作的优势与不足，及时改进服务方式，调整馆藏，以不断提升图书馆的服务质量。

中学图书馆读书工作的统计内容主要取决于读者工作的实际开展情况与具体需求。通常情况下，中学图书馆读者工作的统计主要包括读者统计与流通统计两个方面。

（一）读者统计

读者统计主要包括图书馆的读者总人数，一段时期内到馆的读者总人数，学生、教师，以及各种类型读者的人数及其在读者总人数中的占比，各种类型读者到馆数量及其在总到馆人数中的占比等综合统计与分类统计。

（二）流通统计

流通统计主要包括各种类型读者借阅图书的数量与比例，一段时期内读者借阅馆藏的总数量，读者借阅图书的分类统计，以及按流通方式、文献分类等流通的数量与比例等。通过对这些流通原始数据进行统计分析，中学图书馆便能有效掌握服务质量与流通工作的实际情况，从而及时调整服务方式，不断提升图书馆的服务质量。

（三）读者服务工作的统计指标

中学图书馆读者工作的统计指标有很多，主要有以下六种。

第一种：藏书利用率＝某一时期读者借阅总册数/图书馆藏书总册数×100%。

第二种：读者到馆率＝某一时期到馆借阅读者人数/图书馆读者总人数×100%。

第三种：读者借阅率＝某一时期读者借阅总册数/到馆借阅读者人数×100%。

第四种：某类型读者的比例＝某类型读者人数/图书馆读者总人数×100%。

第五种：图书拒借率＝未借到图书的册数/全部需要借的图书册数×100%。

第六种：藏书保障率＝藏书总册数/读者总人数×100%。

二、规章制度

（一）规章制度的含义

图书馆规章制度指的是图书馆内所有工作人员与读者都必须遵守的规则。图书馆规章制度是充分发挥图书馆工作职能，顺利开展图书馆各项工作的重要基础。图书馆规章制度要在国家法律制度允许的范围内制定，坚持"以人为本"的理念，同时，要充分考虑图书馆读者的权利，以及馆内各项工作的需要。

（二）规章制度的主要内容

1. 图书馆岗位责任制

中学图书馆规章制度中，各岗位的具体职责如下。

（1）馆长工作的岗位职责。

第一，在学校校长、主任的正确领导下，明确图书馆的发展方向，负责全馆工作；处理对外事务和馆内的各种日常业务。

第二，遵照领导指示，主持馆务会议，以学校工作意见为参考确立本馆任务。

第三，组织馆内工作人员定期进行业务、政治学习，参与学术交流活动。

第四，不定期修改图书馆内的各项规章制度、各岗位的职责等，努力将各

第五章　中学图书馆读者工作

项制度落实到位。

第五，在每个学期结束之前，以书面形式向领导报告工作情况，制订之后的工作计划。

第六，结合上级拨款与本校的财务预算，合理分配图书经费。

第七，负责馆藏图书的添购、报废、注销等工作。

（2）借书处工作的岗位职责。

第一，对开放书库的书架进行整理与维护，将各种书刊排列整齐。

第二，负责图书的借阅与归还工作，及时提醒读者还书。

第三，设置新书展览架，向读者宣传推荐新书。

第四，负责帮助读者利用计算机查检图书。

第五，负责图书的流通统计工作。

第六，对调离本校的读者进行清书工作。

第七，修补破损图书，负责丢失图书的赔偿工作。

（3）采编工作的岗位职责。

第一，充分掌握图书馆的馆藏情况及读者的阅读需求，并结合学校的现有条件，向上级提出采购意见，审批完成后实施。

第二，以外采为主要手段，以征集、交换图书为辅助手段。

第三，负责办理新书入库手续，加盖印章。

第四，负责图书分类、著录等工作。

第五，及时加工新书，使其更快进入流通程序。

第六，有重点地宣传新书，定期发布新书简介或通报。

（4）学生阅览室工作的岗位职责。

第一，按照图书馆规章制度，严格执行开放借阅的时间。

第二，对到馆的图书进行登记验收，加盖馆章后上架借阅。

第三，完成好阅览室杂志、报纸的订购工作。

第四，引导读者爱护馆内藏书，及时修补被损坏的藏书。

第五，帮助读者查找其所需的文献资料，进行咨询工作，注意收集阅览效果。

第六，接收编目室调拨的图书，将其仔细清点后上架。

第七，做好图书馆内的安全、清洁工作。

（5）电子（音像）阅览室工作的岗位职责。

第一，对电子（音像）阅览室内的光盘、录像带、磁带等进行分类、编目及妥善保管。

第二，积极配合各年级的教学工作，妥善安排阅览工作。

第三，主动向各学科教师、学生骨干介绍馆内的各种电子（音像）设备的使用方法，对其进行必要的培训。

第四，引导读者爱护馆内电子（音像）设备，使用完毕后及时切断电源，经工作人员检查无损后方可离开。

第五，负责阅览室的安全、清洁工作。

2.读者工作制度

读者工作制度指的是借阅制度、阅览室制度等一系列和读者相关的规定与条例。

中学图书馆制度中，与读者相关的工作制度如下。

（1）图书借还制度。

第一，读者需要凭借本人在有效期内的借书证借阅图书。

第二，读者在借阅图书的过程中，要爱护图书，不得损坏图书的条形码、书标，更不能在书中涂画、做标记等，如有损坏，需按照规定赔偿。

第三，学生读者休学、毕业、转学或教师读者退休等，需要将已经借阅的图书全数归还。

第四，本馆实行开架借阅，读者不能将个人书刊带入图书馆内。

（2）教师阅览室制度。

第一，教师阅览室提供的资料只可用于教学备课，不可用于他处。

第二，教师阅览室内的资料原则上不能外借，如果情况特殊，可支持短期借阅，借阅期限一到须立刻归还。

第三，如需对资料进行复印，需要由专门的工作人员办理。

第四，需要与其他读者共同保持安静、整洁的阅读环境。

第五，图书资料用完之后，需要将其归还至原位。

第六，不可私自剪裁或夹带图书离开阅览室。

（3）学生阅览室制度。

第一，读者身上携带的私人物品需要存放至指定地点。图书馆内藏书严禁带出馆外。

第二，自觉保持阅览室内环境整洁，自觉爱护图书。

第三，读完的图书需要及时放回原位。

第四，在离开阅览室前，应将椅子推回原位。

（4）电子（音像）阅览室制度。

第一，进入电子（音像）阅览室后，应穿好鞋套，并按照工作人员的安排或机号找到对应位置。

第二，保持室内环境的安静、整洁。

第三，未经工作人员许可不可随意启动任何设备。不可自带碟片、录像带等入室。

第四，爱护馆内设备，不得私自删除任何软件、程序。

第五，在操作过程中，一旦遇到问题，应及时向管理人员反映。

第六，在离开电子（音像）阅览室前，需要关好设备，填写记录本，将椅子推回原位。

第六节　读者教育

读者教育指的是通过针对性的策划、多种形式的宣传推广与专题活动，中学图书馆向读者介绍不同类型、载体的信息资源获取方式或检索策略等，从而提升读者的信息意识，以及利用图书馆的能力。读者教育也是中学图书馆读者工作的重要内容之一。读者教育能让许多图书馆的潜在读者转变为现实读者，培养其信息素养，提升其信息意识，从而促进图书馆文献资源的进一步开发与利用。

一、读者教育的意义

众所周知，图书馆读者查找、利用图书馆文献信息资源能力的高低，会对图书馆馆藏文献信息的利用率产生很大影响。这也就意味着，如果读者都非常善于利用图书馆文献信息资源，图书馆馆藏文献资源的流通程度就更高、更充分。读者教育将扩大图书馆的影响力，吸引更多的师生利用图书馆。读者教育能使读者通过自己的努力就可以解决一般检索咨询问题，顺利地获取所需文献。这样不仅能有效避免由检索工作人员转手造成的情报失真和遗漏，还能缩短信息流通时间和周转期,此外,也能减轻图书馆工作人员的工作负担,让他们将更多的时间与精力放在研究和拓展更多、更好的服务上。读者教育还能形成图书馆与读者之间的良性循环。在受过一定程度图书馆教育的读者群中,能够产生一部分关心图书馆工作的读者积极分子,他们在利用图书馆的过程中,或者在图书馆的主动要求下,可以将个人的知识、技能、智慧运用到图书馆的管理活动中,从而形成图书馆与读者之间的良性循环。

二、读者教育的内容

(一)图书馆知识教育

图书馆知识教育是图书馆读者教育的初级阶段。读者要利用图书馆,首先要了解图书馆能提供哪些服务,怎样才能查找、借阅到所需文献。因此,图书馆应通过各种方式将其性质、职能、任务、服务部门、服务设施、规章制度,以及藏书体系、目录体系、现代化技术应用等各方面的情况向读者一一介绍,让读者对图书馆产生基本认知。

(二)文献检索知识教育

文献检索知识主要包括文献检索的基本原理、检索语言及检索方法。通过教育,读者在懂得更多文献资料检索的知识与方法后,便能更方便地获取知识信息,提高文献的利用率。

(三)图书馆意识教育

图书馆意识教育是读者的启蒙教育。图书馆意识的形成,主要来自人的观念不断更新、完善、发展。图书馆的生机与活力直接来源于人的自觉的图书馆意识。学生图书馆意识增强,就会产生对图书馆的自觉追求,就会积极主动地关心图书馆、利用图书馆。图书馆意识作为现代人文化意识的重要组成部分,具有文化意识的基本特征,其形态取决于它所赖以形成的现代人所处的客观存在。

三、中学图书馆读者教育与培训

读者教育与培训是中学图书馆的一项重要工作,图书馆应重视和加强这方面的工作。随着图书馆工作现代化的进程,读者教育与培训工作无论从内容的深度、广度上,还是从教学方法、教学手段的改进和变化方面,都应开展大胆的探索和有益的尝试。读者培训服务与传统的宣传辅导和参考咨询服务不同，它是对宣传辅导和参考咨询服务的扩充与提升，并形成一整套系统的读者利用图书馆的教育与培训体系。

读者教育与培训的途径和方式有很多，其中既包括通过开设讲座，图书馆利用教育课、文献检索与利用课等选修课的形式，又包括定期或不定期地编写有关文献基础知识、网络资源利用数据库检索方面的资料，以图书馆馆报或馆刊、本馆主页、印刷手册或单页的形式向全校通报或发送。

现阶段中学图书馆在读者教育与培训方面的工作主要为新生入馆教育、图书情报知识教育、信息素养教育。

（一）新生入馆教育

新生入馆教育应固定于每年秋季新生入学后举行，入校新生由学校教务处统一安排，分期、分批地到图书馆接受关于图书馆布局、资源分布、图书借阅规程、图书馆服务及规章制度等各方面的教育培训，其目标在于帮助新入校学生尽快了解图书馆，并学会使用图书馆。

1. 形式

参观图书馆，穿插讲解图书分类及检索的基础知识和图书馆的社会知识学习。

2. 目的

让学生掌握图书馆的网址及馆藏资料的查询途径。了解图书馆各功能室的作用，了解图书分类的体系结构及图书的排架方法、中文工具书与报刊资料的利用。了解图书馆环境清洁的保持、公共财产的保护、公共秩序的维护等。

（二）图书情报知识教育

为了帮助读者充分利用图书馆资源，中学图书馆应加强图书情报知识教育。图书情报知识的内容十分广泛，一般情况下应包括以下几点：图书馆的一般知识，包括什么是图书馆，图书馆在我们学习和生活中有什么样的地位与作用，图书馆的发展历程、未来发展趋势，图书馆事业的现状，图书馆的类型，本地区图书馆分布及开展的服务情况等；图书的基础知识，包括书籍的结构、编排的知识等，报刊、声像和电子资源的类型、作用和使用方法等，图书馆分类、目录及藏书排架的相关知识等，工具书的类型及其使用方法等。

(三)信息素养教育

1. 信息素养教育的内容

信息素养教育是一种以培养广大师生信息意识和信息处理能力为目标的教育。它除了包含传统意义上的图书馆教育外,还包含信息技术教育、信息意识教育、信息心理教育、信息技能教育及信息法治教育。

(1)信息技术教育。为了提高全民对信息技术特别是网络技术的认识,以能使大多数人掌握信息技术的操作技能,我国需要进行全民信息技术普及教育,教育的主要内容包括熟练操作计算机,熟悉各种软、硬件设备,掌握信息的接收技术,掌握一定的信息制作技术、计算机病毒防范等,从而能轻松愉快地从信息网络中获取信息,有效地创造和传播信息。现如今,我国已将信息技术教育列入必修课,这为学生开展信息技术教育提供了最有效的途径。

(2)信息意识教育。教育工作者在对中学生进行信息意识教育的过程中,首先要让他们做好思想准备,建立对现代信息环境的正确认识,其次包括如何理解、选择、利用和处理网上信息与资源。特别要注意的是,网络也会提供被污染的信息。由于在许多情况下,那些被污染的信息与正常的信息(如教育信息)是混在一起的,因此受众特别是涉世未深的青少年不能辨别,往往在学习知识的同时受到一些不良的影响。对此,教育工作者应当指导人们如何辨别、防范和拒绝那些被污染的信息。

(3)信息心理教育。如今,社会生活节奏快,人际交往、交流的机会变得越来越少,这样便很容易使人们产生心理、情感方面的障碍。以网络上的交互信息为例,虽然它能有效缩短人与人之间的时空距离,但也会将他们之间的心灵距离拉大,因为依托现代信息技术生成的虚拟环境,一个人无须接触大自然,也不用通过直接与其他人交往,就可以自主而任意地得到他所需的信息或知识。这可能造成人们的孤独倾向,并容易造成人与自然关系的疏离、人与人关系的隔膜。人们可以轻松自如地在虚拟环境里与远方的网上朋友联系,却不善于与现实环境中的邻近伙伴沟通或适应不了周围的真实环境。针对这种情况,教育工作者要注意学生健康心理的培养,及时消除影响学生心理和情感方面健康发展的障碍,指导其养成高尚的情操、健全的人格和健康的心理,增强其适应社会和服务社会的能力。

(4)信息技能教育。信息素养概念是在图书检索技能的基础上发展而来的。传统图书检索技能包含着许多实用、经典的文献资料查找方法。计算机、网络的发展使这种能力同当代信息技术结合，成为信息时代每个公民必须具备的基本素养，引起世界各国教育界的高度重视。许多研究者还围绕如何培养学生的信息技能与信息素养展开了一系列试验研究，这类研究有力地推动了学校在教育思想，教学目标、教学内容、教学方式、教学评价等各环节的变革。

（5）信息法治教育。在信息社会中，要想使信息通道畅通无阻，就必须建立健全与信息的建设和管理有关的法律法规。法律法规是信息在信息社会中正常运作并防止它产生消极影响的保证。信息法治教育的另一个任务是制止或减少信息犯罪行为。因此，对人们特别是初涉信息网络的青少年进行前瞻性的信息法治教育，是非常必要的，它是整个信息素养教育体系的重要构成部分。

2.开展信息素养教育的方法

在信息素养教育中，中学图书馆应开展信息素养教育教研和辅导培训工作，指导教师开展信息素养教育，从而促进中学信息素养教育的全面普及。

（1）建立中学信息素养教育的教学体系。要使信息素养教育从图书馆教育转入基础教育的轨道，首先要建立一个包括培养目标、课程内容、教学计划、教学策略与方法，以及教学评估等在内的完整教学体系。这个体系的建立，需要中学图书馆与学校信息技术教研组的通力合作。而在这个过程中，图书馆应发挥带头作用，组织骨干力量开展调研活动，根据教育目标，针对不同年龄、不同类型学生的不同特点，制定各年级段的教学大纲和课程内容、教学方法及评估方法。

（2）通过业务辅导渠道对中学图书馆馆员开展信息素养教育。要保证信息素养教育面向全体中学生，就必须在中学创建优良的教学环境和提供丰富的教学资源。教学环境和资源的建设，除了教育经费的投入外，更重要的是加强培训辅导，推动"软件"的发展。这种辅导包括两个方面：一方面是图书馆业务知识辅导，另一方面是信息素养教育内容和方法的辅导。前者的目的在于继续提高中学图书馆馆员的业务素质，以推进中学图书馆的建设，形成优良的教育环境。其培训内容不仅要包括图书馆学专业的基础知识，还要加大现代化信息技术的内容，以适应信息素养教育的需求。而后者的目的则是培训中学信息素养教育的师资力量。其培训内容包括教学内容、教学策略与方法及教学评估等。

（3）信息素养教育应与其他学科的教学密切联系。信息素养教育具有很强的基础性、能动性。教学中应重视引导学生运用信息技术和信息资源增进与完成其他学科的学习，也就是说要学以致用。根据教育传播学原理，教学的过程就是教师将信息传播给学生的过程，同时是学生获取—整理、加工—分析—应用信息解决问题的过程。学习成绩差的学生通常是没有掌握好有关的信息知识和方法，特别是没有掌握寻找信息的有效方法。因此，教师在其他学科的教学中，除善于运用信息技术进行教学外，还应注意指导学生运用信息知识和方法进行学习。

（4）组织开展信息素养教育教研和推广活动。要推动中学信息素养教育的普及，教研和推广工作也是必不可少的。信息素养教育是在新的教育理念下形成的，其内容和形式都是新的，需要不断地进行探索研究，以获得更好的教学效果。同时，相关组织也要积极地开展推广活动，才能形成普及教育。教育技术装备站或中学图书馆协会等可以将各中学图书馆的教学骨干组织起来，建立教研组织，通过举办教学研讨会、教学观摩会、培训班与出版刊物、教材等形式开展信息素养教育教研和推广活动。

第六章　中学图书馆的时间、环境、设备的管理工作

时间、环境及设备是三种非常重要的资源，它们会对图书馆的发展产生极大影响。因此，时间管理、环境管理，以及设备管理也就成为中学图书馆管理工作中的重要内容。

下面将围绕图书馆的时间管理、环境管理，以及设备管理展开论述。

第一节　中学图书馆的时间管理工作

时间不只是一种特殊的资源，还是事物的一种存在形式，它指的是物质运动的持续性、间隔性及顺序性。中学图书馆的存在与发展同样以时间为重要的表现形式。中学图书馆时间指的是其发展变化的顺序性，以及活动过程中的顺序更替与前后联系。从严格意义上来说，时间总是匀速地自然流逝的，人并不能对其进行管理。因此，此处的时间管理指的是在特定的时间内合理安排自身工作。而中学图书馆的时间管理则是指其通过研究、调节、控制、分配时间来调整自身系统中各要素间的关系，从而进一步实现管理目标。

一、中学图书馆时间的性质与结构

（一）中学图书馆时间的性质

1. 中学图书馆时间的不确定性

中学图书馆时间的不确定性指的是其部分时间在利用过程中表现出随机

性、模糊性等不连续的特点。随机性指的是图书馆的部分时间是无法提前确定好的，如同一时期内每天利用图书馆的用户，以及一天内不同时间利用图书馆的用户等都是无法确定的。而图书馆只能充分结合这种随机性，利用概率统计的方法来探寻用户利用图书馆的时间规律。

2. 中学图书馆时间的一维性

中学图书馆时间的一维性主要表现在图书馆的时间沿着过去—现在—未来这一路径的方向性。

（1）中学图书馆的时间是不可逆的。无论人们是否对其进行利用，时间都会流逝。图书馆的工作始终会按照昨天—今天—明天的顺序进行，而图书馆的事业也始终会按照过去—现在—未来的顺序发展。

（2）中学图书馆的时间是无法储存的，人们无法限制时间的流逝。

（3）对于那些已经流逝的时间，中学图书馆是无法予以补偿的。因为中学图书馆在每个时间段都有相应的工作任务。

3. 中学图书馆时间的客观性

中学图书馆时间的客观性主要体现在两个方面。一方面，作为一种客观的社会存在，图书馆从诞生起，就与时间相伴。图书馆是在时间中不断发展变化的。人们既不能否定时间的存在，又不能阻止时间的流逝或创造时间。时间的客观性决定了中学图书馆时间的客观性。另一方面，社会对图书馆时间的分配也具有客观性。当社会处于特定的经济发展阶段时，社会对图书馆的资源投入决定的图书馆服务时间，以及社会成员总体可用于图书馆体验图书馆服务的时间是客观的，且不以个人意志为转移。

4. 中学图书馆时间的相对性

虽然从中学图书馆时间的一维性与客观性角度来看，中学图书馆时间是绝对的，但它也具有一定的相对性，这种相对性主要表现在以下三个方面。

其一，中学图书馆时间不变与多变的相对性。时间本身是一种不变的常数，但利用的方式不同，也会产生不同的结果。那些可以快速响应用户需求的中学图书馆，在单位时间内接待用户的数量就会大于响应速度较慢的中学图书馆。

其二，中学图书馆时间长与短的相对性。中学图书馆时间的长短会随着人员、需求等因素的不同而产生变化。

其三，中学图书馆时间有限与无限的相对性。时间的有限性表现为每个具体事物在时间上的不可度量性。时间的无限性表现为物质世界在时间上的不可度量性，以及有限时间向性质不同的另一有限时间转化过程的不可穷尽性。整个中学图书馆时间的变化、发展是无限的，而每个中学图书馆的变化又是有限的。

5.中学图书馆时间的可控性

人们虽然无法控制时间的流逝，却可以从利用的角度对其进行适当的控制。例如，中学图书馆能借助设备、人力等技术手段来调节、分配、中学图书馆时间；中学图书馆能通过各种方法来测算中学图书馆时间，并制定出相应的时间消耗标准，从而在一定程度上控制中学图书馆时间的消耗。中学图书馆时间的可控性是中学图书馆时间管理的重要基础。

6.中学图书馆时间的共享性

事实上，中学图书馆时间属于一种社会时间，在同一段时间内，人们可以根据自身需求参与各种图书馆活动，实现图书馆时间资源的共享。这种共享不仅可以在一个中学图书馆内进行（如图书馆内的各部门可以在同一时间段内完成不同的工作），也可以在几个不同的中学图书馆之间进行（如几个中学图书馆可以在同一时间段内完成集中编目、联合标引等工作，一家中学图书馆也能同时为其他中学图书馆提供服务）。

（二）中学图书馆时间的结构

中学图书馆时间的结构指的是图书馆时间的构成与各种相互作用、相互联系的时间之和。

1.图书馆时间的类型

按照不同的分类标准，中学图书馆时间可分为不同的类型（如图6-1所示）。

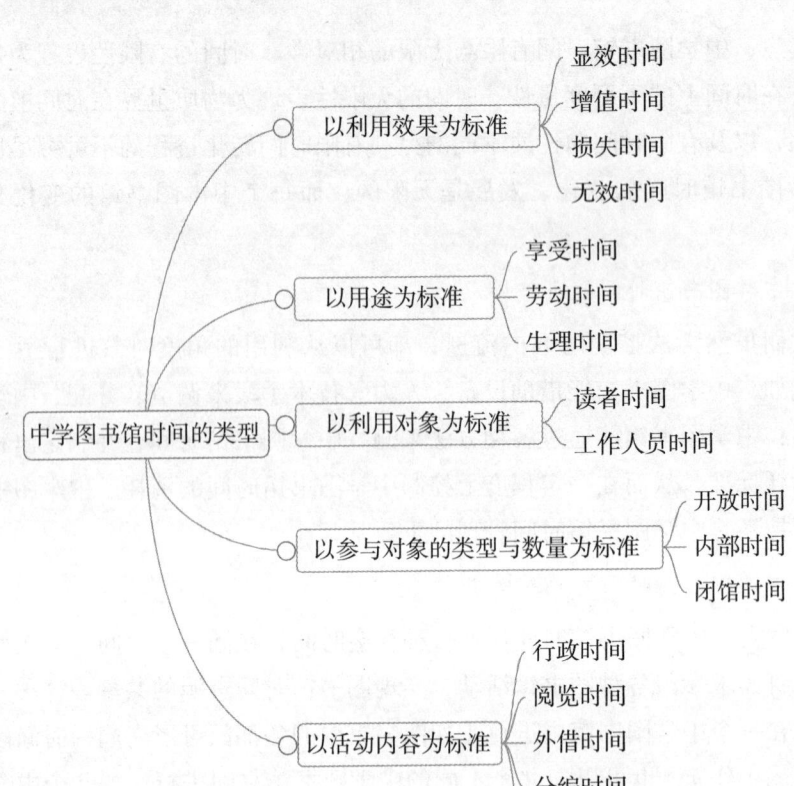

图 6-1 中学图书馆时间的类型

以利用效果为标准,中学图书馆时间可分为显效时间、增值时间、损失时间及无效时间。显效时间指的是在对中学图书馆时间进行利用的过程中,能收获明显效果的时间;增值时间指的是在有限的时间内得到更多的显效时间;损失时间指的是在利用中学图书馆时间的过程中浪费的时间;无效时间指的是在利用中学图书馆时间的过程中,并未取得显著成效的时间,与损失时间相比,虽然无效时间也没有产生实际的利用效果,但它是显效时间、增值时间的重要基础。

以用途为标准,中学图书馆时间可分为享受时间、劳动时间及生理时间。享受时间指的是人们为了调节体力、脑力而进行的休闲活动所消耗的时间;劳动时间指的是读者利用图书的时间,以及馆内工作人员进行体力、脑力活动的时间;生理时间指的是读者、馆内工作人员进行新陈代谢过程所需的时间。

以利用对象为标准，中学图书馆时间可分为读者时间与工作人员时间。从广义角度来看，这两种时间既包含读者与工作人员在图书馆内进行活动的时间，又包含他们在图书馆外进行活动的时间；从狭义角度来看，这两种时间只包含他们在图书馆内进行活动的时间。

以参与对象的类型与数量为标准，中学图书馆时间可分为开放时间、内部时间及闭馆时间。开放时间指的是读者、馆内工作人员参与中学图书馆活动的时间，内部时间指的是只有馆内工作人员参与中学图书馆活动的时间，闭馆时间指的是没有人参与中学图书馆活动的时间。

以活动内容为标准，中学图书馆时间可分为行政时间、阅览时间、外借时间、分编时间及采购时间。

2.各中学图书馆时间的关系

各中学图书馆时间的关系主要有三种，分别是交叉关系、先后衔接关系和主辅关系。

（1）交叉关系：中学图书馆时间中的部分时间是能同时进行的，中学图书馆时间具有交叉关系。例如，读者时间与工作人员时间可以同时发生，也正因如此，读者与工作人员才能进行接触。

（2）先后衔接关系：在中学图书馆中，有些活动是无法同时进行的，因此，图书馆时间也就存在着先后相继、互相衔接的关系。例如，图书的采购、分编、借阅等环节只能依次进行。此外，对读者和馆内工作人员来说，其享受时间、劳动时间、生理时间也无法同时进行。

（3）主辅关系：中学图书馆时间存在着主辅之分。在不同利用效果的时间中，显效时间是主要的，无效时间是辅助的，增值时间与损失时间是富有弹性的；在各种用途的时间中，劳动时间为主要方面，享受时间与生理时间是辅助方面，所有人都应努力使这三者之间达成一个合理的比例；在读者与工作人员的馆内、馆外时间中，馆内时间为主要方面，馆外时间为辅助方面，馆内时间在图书馆的时间管理中发挥主导作用，馆内时间的安排与调整会对馆外时间的安排与调整起决定性作用；在开放时间、内部时间及闭馆时间中，开放时间是主要的，内部时间与闭馆时间是辅助的，开放时间可以决定内部时间与闭馆时间，而科学合理的内部时间与闭馆时间则有利于获得更加合理的开放时间；在不同活动内容的图书馆时间中，阅览时间和外借时间是主要的，分编时间是辅助的。

二、中学图书馆时间管理工作的作用

时间只有在与各种人力、物力资源等要素进行相互联系后,才能真正发挥作用。图书馆的设备、文献资源、人员等方面的管理也无法脱离时间这一要素。中学图书馆时间管理工作的作用主要有以下几点。

(一)制定图书馆标准时间

在特定条件下,中学图书馆时间管理可以通过明确每项图书馆活动的时间,制定出一套图书馆的标准时间(定额时间),并结合图书馆现有的技术设备,以及实施结果对标准时间进行调整。时间研究与动作研究之间往往存在着非常密切的关系,图书馆需要借助网络图、操作图、单元分析等方法来优化工作流程;通过经验估计、统计分析、测时、工作日写实等方式来分析、测定工作时间的消耗,制定图书馆标准时间。

(二)合理分配图书馆时间

对有限的时间进行合理分配是中学图书馆时间管理的重要作用之一。中学图书馆在制定了图书馆标准时间后,就可以开始对图书馆时间进行合理分配。分配工作主要包含以下几个方面:第一,中学图书馆时间对不同读者的分配,即使读者需求得到不同程度上的满足;第二,中学图书馆时间对个人的分配,即解决馆内工作人员的定岗、定额问题;第三,中学图书馆时间在具体部门上的分配,即解决部门定员的问题;第四,社会必要劳动时间对图书馆的分配,即解决图书馆的定编问题。

(三)组织与安排图书馆活动

在完成图书馆时间合理分配的基础上,中学图书馆就需要结合用户需求,以及现有资源,科学组织、合理安排各种时间。此外,中学图书馆活动中的相关人员也需要根据图书馆时间对个人的分配制定个人的时间利用策略。这个过程需要在中学图书馆管理基本目标的指引下,对各分目标进行权衡。

(四)调节图书馆时间

中学图书馆在利用图书馆时间的过程中,需要结合具体情况对其进行适当的调节,而中学图书馆时间管理就具有这种调节图书馆时间的重要作用。因为读者利用图书的具体情况、工作人员能否参与图书馆活动,以及图书馆采购图书的数量等方面都存在着一定的变量,所以中学图书馆时间需要具有一定的灵

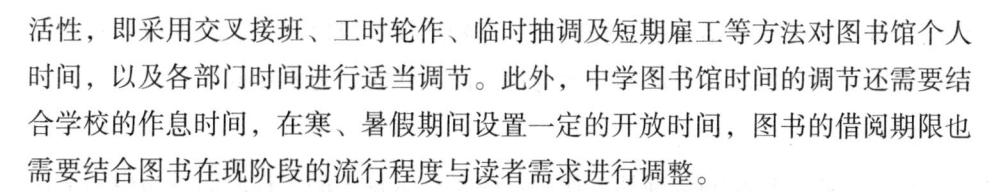

活性，即采用交叉接班、工时轮作、临时抽调及短期雇工等方法对图书馆个人时间，以及各部门时间进行适当调节。此外，中学图书馆时间的调节还需要结合学校的作息时间，在寒、暑假期间设置一定的开放时间，图书的借阅期限也需要结合图书在现阶段的流行程度与读者需求进行调整。

（五）激励作用

当人们拥有一定的可支配时间后，他们的各种需求才能得到更好的满足，工作人员也是这样。作为图书馆内的工作人员，他们也需要一定的时间来满足自身的社交需求、自我发展需求及持家需求等。对此，我们可以将图书馆时间管理作为一种重要的调节方法，以此来激励图书馆员工。例如，对于表现优秀、出色完成工作任务的员工，可以适当放宽休假期限；对于优秀读者，允许其在图书馆资源方面享受更好的待遇。

中学图书馆时间激励需要以中学图书馆工作的正常进行为基础，且要避免在工作忙、任务紧的情况下过多使用激励手段。

时间是宝贵的，学校内的所有活动都要受到时间的限制，特别是中学图书馆，更应该珍惜时间，合理利用时间，保证各项工作的有序进行。

三、中学图书馆工作人员时间的管理

在中学图书馆工作人员时间的管理方面，弹性工作制是一个比较好的选择。弹性工作制指的是工作人员在完成规定任务或固定工作时长的基础上，可以自主、灵活地选择工作的具体时间安排，以代替固定、统一的上下班时间的制度。事实证明，弹性工作制的实施有利于提升个人生产率、改善工作环境、降低请病假的人数等。但采用弹性工作制有一个必要条件，那就是该部门的运转不会受到环境或其他部门时间的影响，且没有采用流水作业的工作形式。因此，满足上述两个条件的中学图书馆读者工作部门与基础工作部门，在理论上都可以选择弹性工作制。

（一）弹性工作制的主要形式

弹性工作制的主要形式有以下三种。

1. 规定总工作时间

规定总工作时间的弹性工作制指的是，原则上，每人每天工作八个小时，以每周五天工作时间来算，每周需要工作四十个小时。在此基础上，每个员工可结合自身需求，灵活安排工作时间。这种选择可以以一天、一周或一月为单位，但必须保证实际工作时间总数与规定的工作时间总量相同。

2. 规定中心工作时间

规定中心工作时间的弹性工作制指的是，将每天的工作时间分为中心工作时间与弹性时间两个部分。在中心工作时间内，工作人员必须待在工作岗位上；而在弹性时间内，工作人员可以结合自身需求，自行选择休息或者工作。

3. 规定工作量

规定工作量的弹性工作制指的是，工作人员需要在规定时间内完成规定的工作量，在完成规定工作量的基础上，工作人员可以自行安排剩余的工作时间。这种制度可以和定额管理相结合。

另外，图书馆工作人员的数量应与图书馆的实际需求相符，这样才能有效避免人力资源的浪费。由于图书馆在不同时间段内的读者数量是一个变数，图书馆的工作人员数量也应该是一个可变数。倘若一味地采用常数型人员配置方式，定然会产生读者人数较少，工作人员较多，图书馆工作不饱和或者读者人数较多，工作人员较少，无法及时满足读者需求，增加工作人员工作强度的情况。

（二）弹性工作制的关键

要想使弹性工作制的作用得到有效发挥，就需要做到以下几点。

1. 充分掌握读者到馆的变化规律

对中学图书馆而言，读者人数或人数的变化率决定馆内工作人员的数量，因此，读者到馆人数随时间的变化规律也就成为科学安排工作人员，以及实施弹性工作制的重要条件。

中学图书馆读者利用图书的规律，可分为短周期规律、中周期规律及长周期规律。

（1）短周期规律：这一规律主要是针对一天中各时间段的读者人数变化而言。通常情况下，每天中午和下午课后的时间内，中学图书馆的读者人数较多。

（2）中周期规律：这一规律指的是中学图书馆读者人数在同一时间段内的分布特性。例如，每到星期一，中学图书馆就会出现读者人数较少的情况。

（3）长周期规律：这一规律通常以一个学期为一周期。例如，中学图书馆

第六章　中学图书馆的时间、环境、设备的管理工作

在每个学期初期阶段的读者人数较多，末期阶段的读者人数较少。这一规律在中学图书馆中较为常见。

2. 结合读者到馆的变化规律安排馆内工作人员的数量

将工作人员的工作量细化成一个个微小的单位量，让工作人员服务量的变动曲线与读者到馆的变化规律曲线完全吻合，这便是弹性工作制最理想的状态。但是，在实际实行过程中，这种效果是很难实现的，因此，我们只能力求两条曲线的大体相近。具体方法：将工作人员分成两班或三班，当工作量较小时只安排一班工作人员，当工作量较大时安排两班或三班的工作人员，这样便能更好地迎合本馆读者到馆的变化规律。

3. 将工作量作为安排工作人员的依据

工作量指的是在特定的时间段内，工作人员完成工作的质量与数量。每个部门都有着决定其工作量的不同因素。对阅览室而言，其工作量主要取决于读者人数的变化率，即在相同的时间段内，读者人数变化越快，工作人员的工作量也就越大，因为当读者归还图书、离开阅览室时，工作人员需要完成借书、还书、押证及还证等工作；对外借部门而言，其工作量主要取决于借、还图书的数量，因为借、还图书的数量越多，也就意味着工作人员需要完成的借书、还书工作次数越多，工作量也就越大。

（三）弹性工作制的补充

虽然弹性工作制在中学图书馆工作人员时间管理方面带来了诸多益处，但它也存在着一定的不足，即中学图书馆在某个特定时间内会出现人员空缺的情况。对此，中学图书馆可以在实行弹性工作制的同时，号召校内学生组成义务管理员队伍。中学图书馆的义务管理员需要符合三个条件：第一，爱好课外阅读，学习成绩良好；第二，具有奉献精神与服务精神；第三，具有责任心及较强的服务能力。

义务管理员选拔完成后，中学图书馆还需要对其进行必要的培训，培训内容包括剪辑资料的搜集与制作、目录的写法、目录卡片的排列、各种目录的认知、各种参考书的认知与利用、摘取大意与心得写作、出纳手续、馆内资料的排架、图书修补等。

组建义务管理员队伍，除了能有效缓解人员短缺、工作繁重的情况外，还有以下好处：能让学生了解更多图书管理方面的知识，提高其参与图书馆活动

的积极性；提高图书的使用率，进一步掌握读者的喜好，从而在采购图书时做到更有针对性；使中学图书馆工作更加井井有条；有利于完善中学图书馆的规章制度，强化纪律教育；为学生提供实践机会，使其在中学图书馆管理工作中得到锻炼与提升。

四、中学图书馆读者时间的管理

在中学图书馆时间管理中，读者时间管理也是一个非常重要的方面。它主要包括确定合理的图书借阅期限、增加人均阅览时间，以及寻求最佳开放时间。

（一）确定合理的图书借阅期限

图书借阅期限指的是图书馆将图书借给读者在图书馆外进行阅读的时间范围。借阅期限的长短会对中学图书馆的必要劳动时间、藏书的利用率，以及读者的学习产生很大程度的影响。

从中学图书馆的必要劳动时间的角度来看，如果图书借阅期限变长，借书、还书的频率也会有所降低，那么图书馆工作人员的劳动时间也会随之变短；如果图书借阅期限借书、还书的频率也会相对高一些，那么图书馆工作人员的劳动时间也会变长。

从中学图书馆的藏书利用率的角度来看，如果图书借阅期限过长，就会有大量的图书滞留在读者手中，降低了其他读者的借阅满足率，从而使图书的利用率大大降低。

从读者学习的角度来看，如果图书借阅期限过短，读者很有可能在未读完书的情况下就要将书归还，这样一来，读者的学习计划、学习效率就会受到干扰。

合理确定图书借阅期限需要考虑诸多因素，其中包括读者对象、图书的形式、图书馆的藏书结构与数量、图书内容的新颖程度、图书的学科性质。

1. 读者对象

不同的读者对象有着不同的图书借阅需求与图书利用方式。对于同一种图书，有的读者需要从头至尾地阅读，仔细品味其中内容；而有的读者只需要粗略阅读，找到自己所需的内容即可。因此，从读者对象的立场上来说，图书的借阅期限不能一概而论。

2.图书的形式

图书的形式也是确定合理的图书借阅期限的重要内容，因为对于大部分读者而言，中文图书读起来较容易，所需耗费时间较短；外文图书读起来较难，需要耗费的时间也就越长。

3.图书馆的藏书结构与数量

图书馆在确定合理的图书借阅期限时，需要充分考虑本馆藏书的结构与数量。倘若馆内藏书结构合理、种类齐全、数量多、复本量大，便可适当延长借阅期限；如果相反，则需要设置短一些的图书借阅期限。

4.图书内容的新颖程度

对读者来说，他们往往更希望借阅那些内容新颖的图书，因此，从这个角度来考虑，图书馆可缩短新书的借阅期限，延长旧书的借阅期限，以此来使读者的阅读需求得到更好的满足。

5.图书的学科性质

每种图书都有着不同的阅读难度及独特的作用，借阅期限也应该有所不同。

（二）增加人均阅览时间

一般而言，图书馆的阅览时间是阅览室开放时间与阅览座位的乘积。而人均阅览时间指的是图书馆在一段时间内的阅览时间与读者人数之比。它是一个动态的、相对的指标。不同规模、类型的图书馆，以及处于不同发展阶段的图书馆，其人均阅览时间也是不同的。

大多数人往往希望能逐步增加人均阅览时间。要想达到这一目标，图书馆可以采用两种方法：一种是延长开放时间，另一种是增加阅览座位。这两种方法各有利弊。

1.延长开放时间

（1）优点：延长开放时间使读者能够进行一段较长时间的连续阅读，保证阅读效率，使其不会因为闭馆而中断阅读。

（2）缺点：延长开放时间不仅会提升图书馆的运营成本，还会在一定程度上受到自然因素的制约。

2. 增加阅览座位

（1）优点：增加阅览座位能够保证有更多的读者利用阅览室。

（2）缺点：增加阅览座位会受到设备、建筑条件的影响，如果借阅室过大也会给管理工作带来一定的难度。

总之，图书馆在采用以上方法时，需要充分权衡利弊：在阅览室面积确定的情况下，可采用延长开放时间的方法来增加人均阅览时间；在设计新图书馆时，可以采用增加阅览座位的方法来增加人均阅览时间。

（三）寻求最佳开放时间

开放时间指的是图书馆为读者提供服务的时间，即可供读者利用的图书馆时间。并不是图书馆开放的时间越长，就能使图书馆与读者获得的效益越大。图书馆开放时间的关键在于合理。

要想找到图书馆最佳开放时间，就需要充分掌握读者利用图书馆的规律。寻求图书馆最佳开放时间的主要目的是以读者利用图书馆的时间为基础，制定出最佳的开放时间表。最佳开放时间表需要对图书馆每周、每日的具体开放时间做出明确规定，并使其与读者实际利用图书馆的时间大致相符。通常情况下，中学图书馆应做到全周开放，且每天 1.5～2 个小时。寒、暑假也应结合学校情况安排一定的开放时间。学生阅览室可在每天中午、下午课后等学生的自由活动时间开放。

中学图书馆的最佳开放时间表不仅要让读者易于了解、掌握，还要具有一定的稳定性，不能朝令夕改。另外，最佳开放时间还需结合具体情况进行适当调整。

第二节 中学图书馆的环境管理工作

中学图书馆的环境管理实际上就是对图书馆内外条件的调节、控制与改造，以及对图书馆的社会关系与内部人际关系的管理。它主要包含两个方面：一方面是以图书馆建筑为中心的环境管理，主要包括图书馆的内外环境，也就是自然环境、人工环境；另一方面是以人为中心的环境管理，如社会环境、工作环境等。

一、中学图书馆环境管理的基本内容

"环境"指的是事物周围的条件与情况，如自然环境、社会环境。它属于一种能被人为改变的客观存在。"图书馆环境"指的是图书馆周围的条件与情况。中学图书馆环境由图书馆建筑物的内外环境、藏书环境、工作人员的工作环境、读者的休息环境共同构成。它既包含内部环境，又包含外部环境；既包含人际环境、心理环境，又包含物质环境。

中学图书馆环境管理就是通过调节、控制环境与图书馆建筑物、馆内工作人员、读者及藏书间的关系，使环境与图书馆建筑物、馆内工作人员、读者、藏书达到相对平衡、彼此适应。科学的环境管理有利于提升中学图书馆读者的学习效率与馆内工作人员的工作效率，有利于促进中学图书馆的和谐发展，有利于延长中学图书馆藏书的使用寿命。

（一）中学图书馆环境管理的性质

掌握中学图书馆环境管理的性质是中学图书馆环境管理的必要前提。中学图书馆环境管理的性质包括创造性、复杂性、知识生产性及可变性。

1. 创造性

中学图书馆环境管理的主要目的是在图书馆与环境之间建立一种平衡的调节机制。而在此过程中，客观环境是不断发展变化的，因此，要想达到这一目的，就需要采取创造性的管理方式，与不断变化的环境保持相对平衡。

2. 复杂性

中学图书馆环境管理具有一定的复杂性，主要原因在于图书馆环境的构成要素众多，且各要素间存在较大差异。它既包含自然环境，又包含社会环境；既包含自然因素，又包含社会因素；既包含可以直接协调、控制的因素，又包含无法直接协调、控制的因素。对此，中学图书馆管理人员只能结合具体情况，分析利弊，选择合适的方法进行环境管理。

3. 知识生产性

中学图书馆中储存着大量知识内容。无论是读者对图书的利用与开发过程，还是馆内工作人员对图书的收集、整理、开发、传递过程，都属于脑力劳动、知识生产的过程，都需要大脑保持高度兴奋的状态，而要想使大脑保持最佳状态，就需要有一个合适的环境。这一点也正是中学图书馆环境管理的重要目标。图书馆与环境相适应的目的便是营造出一个良好的知识生产环境。

4. 可变性

虽然图书馆环境的各构成要素均具有相对稳定性，但随着客观世界的不断发展变化，中学图书馆环境也需要进行不断调整、变化。只有掌握这一性质，才能在中学图书馆环境管理工作中取得更好的成效。

（二）中学图书馆环境管理的分类与内容

1. 中学图书馆环境管理的分类

从人体感官角度，中学图书馆环境管理可分为视觉环境管理、听觉环境管理、触觉环境管理、嗅觉环境管理等；从图书馆环境范围角度，中学图书馆环境管理可分为岗位环境、馆内环境、馆外环境等；从构成要素角度，中学图书馆可分为自然环境、人工环境、社会环境等。

2. 中学图书馆环境管理的内容

中学图书馆环境管理包括以下三个方面的内容。

（1）中学图书馆的自然环境管理。中学图书馆的自然环境管理指的是图书馆外部客观环境的管理。图书馆的自然环境主要取决于其地址的选择。良好的图书馆馆址应该是交通方便，靠近人群；环境安静，具有良好的通风条件，场地干燥，排水通畅；风景优美，符合当地城镇规划；远离噪声、有害气体等污染源。当图书馆建成后，其自然环境条件便基本固定，之后要做的就是美化工作。

（2）中学图书馆的人工环境管理。中学图书馆的人工环境指的是图书馆中那些由人工控制、调节、设计、安装、建造的部分。图书馆适合独立建馆。如果要与其他建筑物进行合建，则需要为图书馆营造出适宜的环境、独立的区域，满足其使用要求，设置单独的出入口。道路的设置应以便于图书运送、工作人员与读者出入、消防疏散为前提。不仅如此，图书馆馆内的布局还要做到各功能区分工明确，将人流与书流分开、图书加工与读者利用分开、阅览与书库结合等。这些因素都是能被人为控制、调节、设计、建造的，因此我们将其称为"人工环境管理"。

（3）中学图书馆的社会环境管理。中学图书馆的社会环境包括外部人际关系，以及社会、政治、经济、文化、科学、教育等。其中，社会、政治、经济、文化、科学、教育是影响中学图书馆发展的重要因素，但这些因素都属于中学图书馆系统外的更高层次，中学图书馆无法对其进行管理。而图书馆需要做的就是通过不断调整、改善自身系统来满足社会、政治、经济、文化、科学、教育的需要。

中学图书馆内部的社会环境包含馆内的人际关系，以及树立良好的图书馆馆风。

（三）中学图书馆环境的影响及环境管理的作用

1. 中学图书馆中各种环境对人的影响

（1）自然环境对人的影响。自然环境对人脑功能产生的影响较大。事实证明，当人们处于杂乱、肮脏的环境中时，会感到焦躁不安、心烦意乱，从而使大脑思维变得迟钝；当人们处于自然、优美的环境中时，会感到轻松愉悦、心胸开阔，从而头脑清醒、思维敏捷。由此可知，自然环境会影响人们的工作效率与学习效率。

（2）人工环境对人的影响。那些人为控制、调节、设计的环境也会对人们的工作效率、学习效率产生非常大的影响。

①色彩。色彩对人脑功能的影响是非常显著的。每种色彩都有着不同的波长，它们会通过视神经作用于人的大脑，并使人产生不同的情绪反应。色彩也会对人们的工作效率产生一定的影响。那些调和悦目的色彩会让工作环境看起来更加清新，提高人们的工作效率；而如果图书馆的色彩搭配不合理，就会让人感到烦闷，出现工作效率、学习效率降低的情况。

②光线。当人们正处于工作、学习的状态时，如果光线过弱，就会导致环境昏暗，降低人大脑皮层的活跃度；如果光线过强，就会让人感到烦躁甚至眩晕。过弱或过强的光线都会引起人们的视觉疲劳，对脑功能产生不良影响。因此，保持适当的光线强度对营造良好的图书馆环境是非常重要的。

③空气。空气中的氧气会对人脑功能产生直接影响。当空气流通，氧气充足时，大脑精力旺盛，有利于提升工作效率、学习效率；当供氧不足时，大脑的工作效率就会降低，出现判断力、记忆力减弱的情况。此外，如果空气被污染，那么还会使人们出现严重的心理、生理的症状，如判断力减弱、意识模糊、头痛、恶心等。

④声音。悦耳动听的声音可以提高人脑的工作效率，使人感到精神振奋、心情愉悦；而噪声会分散人们的注意力，让人感到心情烦躁，降低工作效率、学习效率。人们在噪声环境中消耗的能量比在无噪声环境中消耗的能量大。噪

声会让人处于神经紧张的状态，使其更容易产生疲劳。

⑤温度与湿度。温度与湿度会影响人们的反应能力、动作协调性、注意力、记忆力、判断力等。当温度与湿度过高或过低时，大脑的判断会更容易出现错误，不利于人们的工作、学习。

（3）社会环境对人的影响。人类社会具有较强的组织性，个体处于群体之中，必然会受到群体的影响，而群体又会受到社会的影响。因此，中学图书馆所处的社会环境，也会对图书馆内的工作人员产生较大的影响。当中学图书馆内外的人际关系较为密切时，人与人之间会产生和谐的心理氛围，就会互相鼓励、帮助；反之，便会产生紧张的心理氛围，导致人与人之间互相排斥、对立。

2. 中学图书馆环境管理的作用

中学图书馆环境管理的作用主要包含以下几点。

（1）优美的中学图书馆环境有利于提高藏书的利用率，延长藏书的使用寿命。

（2）干净整洁的中学图书馆环境有利于吸引读者，提升其利用图书的兴趣与工作、学习效率。

（3）优美的中学图书馆环境有利于树立良好的中学图书馆形象。

（4）良好的中学图书馆环境可以提升馆内工作人员的工作效率，使中学图书馆的职能得到更加充分的发挥。

二、中学图书馆自然环境的管理

与公共图书馆不同，中学图书馆主要修建于中学校园中，在选址、规模等方面存在一定的局限性，但其自然环境管理也应注意以下几点。

（一）远离噪声

为了给图书馆读者营造优雅、安静的阅读环境，中学图书馆应设置在远离体育场所等噪声较大的区域。

（二）保持干燥、通风

中学图书馆的设置应该选择校园内比较干燥的区域，这样才能避免空气湿度过高而对藏书造成不利影响。

为了保证良好的通风条件，图书馆的入口最好朝南，并将工作用房、阅览室布置在朝南的一侧，如此便能为工作人员和读者营造出一个通风良好、温暖光亮的环境。

（三）留有扩展余地

随着图书馆的不断发展，馆内的藏书也会变得越来越多，对此，中学在选择修建图书馆的区域时，也应考虑到图书馆未来的规模与发展，留出适当的扩展余地。

三、中学图书馆人工环境的管理

中学图书馆人工环境的管理主要涉及视觉环境、听觉环境、空气环境，以及图书馆室内环境布局等方面。

（一）中学图书馆的视觉环境管理

在中学图书馆中，无论是馆内工作人员对藏书进行的整理、加工、流通等工作，还是读者的阅览活动，都离不开眼睛。他们以储存信息知识的各种文献为观察对象。良好的视觉环境是提升工作人员工作效率与读者学习效率的关键。中学图书馆的视觉环境主要由光线、色彩及观察对象构成，而观察对象是一种客观存在，因此，中学图书馆的视觉环境管理主要包含光线与色彩两个方面。

1. 光线

中学图书馆提供光的方式有两种：一种是人工光，另一种是天然光。它们是图书馆环境管理中的重要内容。充足、合理的光线不仅有利于保护视力，使人感到心情舒畅，还有利于提升人们的工作效率、学习效率，延长藏书的使用寿命等。

（1）人工光。利用人工光的技术被称作"照明"。人工照明需要选择适当的照明强度，如果照明过强，就会对人眼产生强烈的刺激，容易出现视觉疲劳；如果照明过弱，就会使人很难看清字迹，导致阅读困难或视觉疲劳。

（2）天然光。利用天然光的技术被称作"采光"。与人工光相比，人们更喜欢天然光，其主要原因在于，天然光更加自然柔和，有利于保护人们的视力。

中学图书馆的环境光线，应采用以自然光为主、人工光为辅的形式，这样可以在保护读者视力的同时达到节约用电的效果。

2.色彩

在中学图书馆的视觉环境管理中,色彩也是非常重要的一个部分,它会对馆内工作人员、读者的心理变化产生直接影响。从色彩心理学和生理学的角度来看,色彩能给人带来兴奋感、远近感、冷暖感、轻重感等诸多心理感受。因此,我们可以将图书馆环境管理中的色彩管理视为一个利用色彩对人们产生心理影响、创造良好色彩环境的过程。在此过程中,不仅馆内工作人员可以获得更加舒适的工作环境,读者可以获得满意的阅览环境,还能吸引更多读者到馆阅读。

创造良好色彩环境的关键便是充分掌握色彩对人们的心理影响,主要有以下几点。

(1)兴奋感。一般而言,红色使人感到兴奋,蓝色、白色使人感到沉静。中学图书馆作为一种重要的学习、工作的场所,需要保持清净、安定的氛围,因此应该以使人感到沉静的色彩为主。

(2)远近感。色彩使人们产生远近感的主要原因是色彩明度的不同,明度较高的色彩会让人感觉距离较近,明度较低的色彩会让人感觉距离较远。中学图书馆可结合这一原则,利用色彩的明度来调节图书馆的层次、尺度。例如,对于那些面积较小,容易给读者带来紧张感的空间,可以将白色作为主色调,这样在视觉上便会感觉更加宽敞。

(3)冷暖感。色彩有冷暖之分,色彩学将红色、黄色等归为暖色系,将白色、青色、紫色等归为冷色系。暖色系会使人感到温暖,冷色系会使人感到凉爽。中学图书馆可结合这一特点,随着季节变化调整馆内的色彩搭配,如在冬季选择暖色系,在夏季选用冷色系等,而对于不易换色的部分,可以采用中性色调。

(4)轻重感。通常情况下,明度越高的色彩看上去越轻,明度越低的色彩看上去越重。因此,中学图书馆可以选择从天花板到地面逐渐加深的色彩,使人产生安定、稳重的感觉,从而更加专心地工作、学习。

总的来说,中学图书馆环境的色彩选择需要遵循以下几点原则。

其一,符合图书馆知识生产环境的特点。

其二,有利于减轻工作人员、读者的视觉疲劳。

其三,符合工作人员、读者的心理需求。

（二）中学图书馆的听觉环境管理

对中学图书馆中专心工作、学习的人来说，安静的环境是非常重要的。虽然噪声并不会对人们产生过大的生理影响，但会对人们产生一定的心理影响。任何噪声都会影响工作人员的正常工作，扰乱读者的思维活动。

中学图书馆的噪声来源主要可分为两类：一类是外部噪声，如街道上的来往车辆、路人等；另一类是内部噪声，如工作人员、读者发出的各种声音及通风设备、电子设备等。

中学图书馆的听觉环境管理就是通过一系列方法来控制、降低噪声，具体方法如下。

（1）制定减少噪声的相关规章制度，并要求馆内全体工作人员与读者共同遵守，对违反规定的人进行批评教育或处罚。

（2）利用空间布局的方式控制噪声，如将阅览区域与借书区域进行分隔。

（3）在图书馆内设置一些吸音、降噪的装置等。

（三）中学图书馆的空气环境管理

1. 中学图书馆温度、湿度的管理

温度与湿度会对人们的记忆力、注意力、直觉判断、情绪等产生直接影响，如夏季的高温会导致人们出现头晕、恶心、多汗，而冬季的低温会让人缺乏动力与活力。对此，中学图书馆应加强对图书馆内温度、湿度方面的关注，以适宜人体的最佳温度与湿度为标准，将馆内温度、湿度控制在合理的范围。

（1）温度。图书馆的温度除了对人体有很大影响外，还会对馆内藏书产生较大的影响。事实上，随着馆内空气温度的升高，藏书的变质速度也会变快；而随着馆内空气温度的降低，藏书的变质速度也会变缓。

（2）湿度。湿度和温度之间存在着非常密切的关联。图书馆内温度的变化会引发相对湿度的变化。在绝对湿度保持不变的情况下，温度越高，相对湿度就会越低；温度越低，相对湿度就会越高。纸是图书馆知识信息的重要载体，它属于一种多孔物质，具有较强的吸水性。纸张的含水量会随着空气中的湿度而改变，当纸张含水量保持在7%左右时，才具有良好的韧性与机械强度。而想让纸张保持7%左右的含水量，通常需要将馆内的空气相对湿度控制在50%左右。

2. 中学图书馆的通风换气

众所周知，清新的空气可以使人的头脑更加清醒，有利于提升工作效率、学习效率。因此，良好的通风条件对工作人员、读者来说是非常重要的。此外，图书馆的通风条件对保护馆内藏书也有着非常重要的意义。如果馆内不通风，藏书就会容易发霉。中学图书馆保证通风的方式有两种，分别是机械通风和自然通风。机械通风需要通过空气调节系统、排风等设备；自然通风主要是利用馆内门窗，形成空气对流。中学图书馆最好保证每小时通风换气1～3次。

（四）中学图书馆室内环境布局管理

现如今，生活节奏快，中学生的学习生活也变得更加紧凑，对此中学图书馆应该在室内布局上为学生营造出一种更加舒适、轻松的氛围。布局合理、布置妥当的图书馆环境不仅能使人们对空间的需要得到满足，帮助人们放松身心，还能呈现出一种独特的美感。从美学情趣与视觉效果来讲，单调、一成不变的环境容易使人产生倦意，富有变化的环境更能提升人们的兴奋度。因此，处理好图书馆室内的变化与层次，是丰富图书馆环境的重要方式。如打破原本的座位与排架方式，根据图书的类别进行区域划分，打造一个个形态各异的区域，并结合设计需求调整桌椅、沙发的位置。如此，读者便能在半封闭的小区域内得到安逸感，从而更专注地进行阅读活动。调整图书的书架，使其做到错落有致、高低相间，在书架上放置一些能精确分辨的新颖图书，以便读者选择、区分，再分段摆放一些舒适的靠椅，以此营造出一种更加活跃的氛围。

中学图书馆室内的桌椅、书架可以选择原色木，这样便可以很好地中和玻璃、金属架带来的冷漠感，形成一种柔和、温暖的视觉效果。另外，工作人员还可通过在较低的书架上或窗台上摆放盆栽的方式，让图书馆更具生命气息，唤起人们对大自然的联想。

四、中学图书馆社会环境的管理

中学图书馆社会环境的管理主要包含两个方面：一方面是社会、政治、经济、文化、科学、教育的条件和状况，另一方面是中学图书馆的馆风。由于中学图书馆作为社会的子系统，是无法对社会进行管理的，中学图书馆社会环境的管理主要是针对图书馆的馆风而言的。

（一）馆风对中学图书馆的作用

1. 导向作用

中学图书馆馆风的导向作用主要表现为引导那些新入馆的工作人员朝着积极健康的方向发展。新员工进入图书馆后，会在良好馆风的影响下，慢慢适应馆内的工作作风、行为。他们需要经历暗示、模仿、从众、认同等过程，来完成个体的社会化。

2. 约束作用

良好的馆风会在特定的环境中形成一种积极的心理氛围，具有较强的心理制约作用。从心理学角度来看，人们通常都存在着从众心理，社会心理氛围一旦形成，就会对环境中的每个人施加群体的压力，约束、规范着每个人的行为。

（二）中学图书馆馆风建设的途径

中学图书馆馆风建设的途径有以下两个。

1. 图书馆馆风的培养教育

（1）树立图书馆事业心。一个合格的图书馆工作人员，应该热爱图书馆工作，履行好自身的工作职责，为图书馆事业贡献出自己的一份力量。

（2）培养集体感、归属感。当图书馆工作人员将图书馆工作作为自己生活中不可或缺的一部分，将图书馆利益与自身利益联系在一起时，他们便会对图书馆产生更加浓厚的感情，形成一种共同的价值观念，并从主人翁的角度出发解决各种问题。

2. 建立制度，强化行为

图书馆良好馆风的形成，离不开计划、标准与目标。而有了目标后，还需要一定的制度做保证。人的合理行为只有在不断强化后才能再现，并转变为习惯固定下来。因此，中学图书馆应该建立相应的制度，并对符合馆风标准的行为进行认可、鼓励，对不符合馆风标准的行为进行否定、惩罚。

第三节　中学图书馆的设备管理工作

对中学图书馆来说，设备不仅是重要的构成要素，还是其实现科学管理的必要条件与工具。如果缺乏必要的设备，那么不仅会降低图书馆工作人员的工作效率，还会对读者利用图书产生不良影响。

一、中学图书馆设备的种类

中学图书馆的馆用设备种类繁多，大体上可分为三类，分别是藏书借阅设备、现代化技术设备及防尘防潮设备。

（一）藏书借阅设备

中学图书馆的藏书借阅设备主要有书库书架、阅览室书架、阅览桌椅、书柜、目录柜。

1. 书库书架

书库书架是中学图书馆必备的设备之一。中学图书馆书库书架的配置主要取决于图书馆的条件及具体的用途。通常情况下，图书馆的书库书架有两种，即木制书架与铁制书架。中学图书馆的书库书架大多采用双面多层的大书架，这种书架长1200毫米、宽450毫米，每层高280毫米，既可以存放16开本的图书，又可以平放两摞报纸。

2. 阅览室书架

在阅览室中，为了方便开架阅览，中学图书馆通常会选择单面且高度较低的书架，并摆放在靠墙的位置。一般而言，单面书架的宽度应在300毫米以内，以五个或六个为宜。书架的前面是倾斜的隔层，用于摆放各种报刊。底部的隔层可向外倾斜，方便读者浏览、取书。半开架阅览室的书架，一面有玻璃，且每个隔层的玻璃间应保留25毫米的空隙，以便读者将自己所需的图书推出。中学图书馆阅览室还应设置一些能夹放四开报纸的报架或报夹。

3. 阅览桌椅

为了方便读者利用图书，中学图书馆内应配备一定数量的桌椅。图书馆在选择桌椅时，既要注重桌椅本身的颜色、款式、大小、实用性等因素，又要考

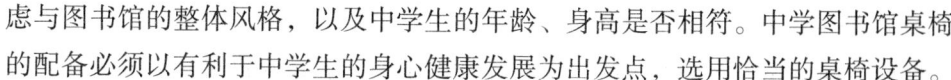

第六章 中学图书馆的时间、环境、设备的管理工作

虑与图书馆的整体风格,以及中学生的年龄、身高是否相符。中学图书馆桌椅的配备必须以有利于中学生的身心健康发展为出发点,选用恰当的桌椅设备。

4.书柜

中学图书馆阅览室需要摆放有透明玻璃的书柜,这样不仅能使读者较为直观地浏览图书,还有利于收藏那些珍贵的图书、资料、工具书等。

5.目录柜

为了配合学校各学科教学,中学图书馆普遍制作了各学科的教学参考资料目录卡片,而为了对这些目录卡片进行妥善保管,方便图书馆工作人员的查找与使用,中学图书馆需要配备目录柜。目录柜一般是由铁或木头制作而成的,规格在20～40斗,图书馆可结合具体需求进行选用。

(二)现代化技术设备

随着科学技术的不断发展及计算机生产技术的不断提升,计算机的体积越来越小,功能越来越多,应用范围也变得越来越广泛,它已经成为中学图书馆实现资源共享战略目标过程中至关重要的管理工具与信息交流工具。

现如今,中学图书馆的读者服务方式、范围及文献载体形式等都发生了较大的变化。为了更好地满足读者不断变化的需求,中学图书馆在为读者服务过程中,除了为其提供大量图书资料外,还需要对相应的设备进行更新。例如,"视"方面的设备有电视、投影仪、录像设备等。

(三)防尘防潮设备

中学图书馆内的防尘防潮设备主要有吸尘器、除湿器等。图书馆藏书需要一个清洁的环境,再加上藏书大部分都是纸质的,无法密封,因此图书馆中需要配备吸尘器。此外,每逢雨季,特别是南方地区,降雨量较大,空气湿度高于图书、报刊的保存条件,会导致图书出现生虫、发霉的情况。因此,为了控制室内的空气湿度,更好地保存并延长图书的使用寿命,图书馆应该配备除湿器。

二、中学图书馆设备的作用与选择

(一)中学图书馆设备的作用

在中学图书馆的运行过程中,设备主要发挥两个方面的作用,即基本作用和非基本作用。

1. 基本作用

中学图书馆设备的基本作用表现在当图书馆离开这些设备后，便无法正常开展某些工作或某个环节。发挥基本作用的设备包括陈列藏书所需的书柜、书架，借阅活动所需的桌椅、出纳台、目录柜、报架等。

2. 非基本作用

中学图书馆设备的非基本作用在于改善图书馆读者的阅读环境，降低工作人员的劳动强度，提升其服务质量与工作效率等。发挥非基本作用的设备主要有空调设备、监视设备、自动送书装置、消毒设备、防盗设备等。这类设备无论存在与否，都不会对图书馆活动产生较大的影响。

（二）中学图书馆设备的选择

在选择图书馆设备时，最理想的状态便是技术方面先进、适用，经济方面合理。实际上，这两者很难达到完全统一。因此，中学图书馆在选择图书馆设备时，需要从以下几个方面进行综合考量。

1. 设备的安全性

中学图书馆在选择图书馆设备时，需要重点关注设备的安全情况，检查其是否具备预防、防止事故的安全装置，如图书传送设备在出现异常时的急停装置等。

2. 设备的适应性

图书馆设备的适应性指的是当工作对象不变时，设备能灵活、自如地适应各种工作环境与工作条件；当工作对象变化时，设备能适应各种条件，具有较强的通用性。此外，所有的设备都需要具备体积小、重量轻、结构紧凑、便于运输的特点。

3. 设备的环保性

图书馆需要选择符合环保规定标准的设备，不能影响人体健康与图书的使用寿命。例如，消毒、防火类设备在使用时，不能危害人体健康；图书传送装置在运行过程中发出的噪声，不能影响到读者的学习与工作人员的工作。

4. 设备的耐用性

设备的耐用性也是选择设备时需要考虑的一个重要方面。设备的使用寿命越长，每年的折旧费用也就越少，图书馆也能因此省下一部分设备投资，或者利用这部分资金购置更加先进的设备。

5.设备的节能性

图书馆设备的选择,还需要考察设备的节能情况。设备的能源消耗指标主要有两种表现形式:一种是以单位产品的消耗量来反映,如耗电量(千瓦·时)/单位等;另一种是设备在单位开动时间内消耗的能源量,如每小时的耗电量等。

6.设备的工作效率

图书馆设备的工作效率主要取决于设备的工作人员效率。设备的工作效率通常表现为速度、行程、功率等技术参数。为了保证设备有较高的负荷,中学图书馆所选设备的工作效率应与其服务规模相匹配。

7.设备维修的难易性

设备在运行过程中出现磨损、故障的情况是在所难免的,因此,中学图书馆在选择设备时,就需要将维修的难易性纳入考虑范围。那些便于维修的设备往往具备以下特点:便于拆装;具有良好的互换性;结构简单,各部件组装合理;标准化程度高;等等。

8.设备的投资费

由于设备投资的大小会涉及设备的折旧与经费的来源,中学图书馆在计算投资时,也需要考虑设备投资的回收期与新设备带来的节约额。

9.设备的成套性

设备的成套性是设备工作能力的重要体现。设备的成套性主要是指机组配套(一套设备的主机、辅机等配套要齐全),单机的配套(一套设备的各部件、工具、附件等都要齐全),以及色调与规格的一致。

10.设备工作质量的保证程度

通常情况下,图书馆设备工作质量的保证程度是通过其加工产品的可靠性和工序能力来衡量的。例如,防盗设备对未消磁图书的灵敏度、计算机键盘输入信息的可靠性,以及复印产品的清晰度等。

三、中学图书馆设备管理的方法

中学图书馆的设备关系到其各项业务工作的顺利开展,因此对其进行合理、科学的管理是非常必要的。为了延长图书馆设备的使用寿命,提高其使用率,中学图书馆需要采取以下管理方法。

（一）建立相关制度

为了更好地管理图书馆内的各种设备，中学图书馆需要建立严格的管理制度，明确使用、维修设备的相关规章制度，指定专人负责，实行岗位责任制。其中，设备的使用、维修等相关制度的制定需要结合设备说明书中注明的各项条件。设备使用岗位责任制需要对管理人员、设备操作人员的权限与职责进行明确规定。一旦规定确立，图书馆的管理人员、技术人员、操作人员等，就都需要严格遵守。对于那些技术性要求较强的设备，操作人员需要经过一定的培训才能进行操作。

（二）兼顾利用与保护

在使用图书馆设备的过程中，中学图书馆需要尽量降低设备的损耗，兼顾合理利用与妥善保护。随着时代的进步、科技的发展，中学图书馆应该努力将新设备的使用价值发挥到最大限度。

（三）做好日常维护、定期维修

除了合理利用外，日常维护对中学图书馆设备管理来说也是必要的，这样才能防止超负荷运行，延长设备的使用寿命。中学图书馆设备在运行过程中必然会出现技术情况变化及设备自身老化的情况，对此，图书馆需要对设备进行定期维修。设备维护保养的主要目的是减轻磨损。设备的维护保养可以使设备保持润滑、清洁，从而延长修理间隔期，并获得更好的使用性能。

（四）注意设备的改造与更新

旧设备的性能无法满足现阶段的使用需求时，就需要对其进行改造甚至是更新。在更新设备前，中学图书馆需要充分掌握旧设备的技术寿命、经济寿命及物质寿命等方面的情况，并结合具体情况制订相应的更新计划、目标。在更新过程中，中学图书馆需要将改造设备与新设备结合起来，进一步挖掘旧设备的内在潜力，注重设备更新过程中的经济效益。此外，中学图书馆还要从技术、经济方面对替换下来的旧设备进行妥善处理，如将拆卸下来的旧零件进行再次利用等。

设备在中学图书馆的运行过程中发挥着至关重要的作用，中学图书馆设备管理工作需要将设备的服务效果、经济效益、安全运行、良好技术状态，以及利用率作为目标，不断提升服务质量与工作效率，努力改善中学图书馆的阅读环境与工作条件，为服务读者创造条件。

第七章　中学图书馆的工作者管理

中学图书馆的各项职能都是通过馆内的工作者才得以实现的，图书馆工作者不仅是发挥中学图书馆职能的重要保证，还是影响读者工作质量的重要因素。对于一所中学来说，要想得到更好的发展，就必须办好图书馆；对于一家中学图书馆来说，要想得到更好的发展，就需要依靠广大的图书馆工作人员。

第一节　中学图书馆工作者的基本素质与能力

随着信息时代的到来，各种知识呈现出了一种迅猛的增长态势，它们之间相互渗透、交叉，各类文献大量出版，知识载体增多，文献内容错综复杂，时效性变短；读者的阅读需求也变得越来越复杂和多样，这一系列的变化也向图书馆工作者提出了新的要求。中学图书馆工作者在读者与馆内藏书之间架起了一座沟通的桥梁，对此，图书馆工作者必须在熟悉业务的基础上，为读者提供主动热情、细心周到的服务。

一、中学图书馆工作者的基本素质

在信息时代，要想成为一名合格的中学图书馆工作者就需要具备以下几个方面的基本素质。

（一）道德素质

作为学校教育教学的重要构成部分，中学图书馆也关系到培养什么样的人的问题。因此，图书馆工作者一定要选择热爱工作且具有崇高职业道德的人来担任。

职业道德是道德中的一部分，它指的是在本行业职业范围内产生的一种具有稳定性的行为规范、准则和道德观念的总和。职业道德的主要内容有职业道德规范和从业人员的品质、情感、道德观念。图书馆工作者可以通过工作实践，意识到本职工作独特的社会意义，进而产生对该工作的光荣感、责任感。职业道德的核心便是全心全意为人民服务。中学图书馆工作者的职业道德与职业素养，就是在中学图书馆工作的实践过程中逐渐形成的，主要涉及敬业精神、服务观念、工作作风三个方面。

1. 敬业精神

高度的敬业精神是所有中学图书馆工作者都应该具备的职业道德之一。热爱图书馆事业，在践行本职工作的过程中投入满腔热情，并保持高度的责任感，认真完成每项工作任务，是中学图书馆工作者应具备的基础条件。

图书馆是一个综合性的知识部门，其工作往往具有较强的知识性与科学性。读者不稳定、多样化的需求也为图书馆工作增加了难度。与学校的其他部门相比，图书馆的工作人数会相对少一些，这也要求每个工作者都需要具备多个方面的能力，熟悉各环节的操作流程，能承受一定的工作强度。此外，中学图书馆工作者还应该将图书馆工作当作一项伟大的事业，树立正确的思想道德观念，严格规范自身言行，不断提升自身的服务水平。

2. 服务观念

较强的服务意识、热情真诚的服务态度是中学图书馆工作者行为规范的主要标志。从整体角度来看，道德有助于调整彼此间的行为关系。中学图书馆工作者和读者之间的关系，主要取决于工作者的道德修养，而工作者的道德修养程度主要通过他们对读者的责任心与态度来体现。

中学图书馆不仅是学生自学、求知的重要场所，还是其提升阅读能力、进行课外阅读的有效途径。阅读是人们工作、学习的基本技能，是获取知识的重要渠道，图书馆工作是践行素质教育的重要方式，因此图书馆工作者应树立"读者至上，服务第一"的理念，积极配合各项教育教学工作，为教学、师生读者提供更高质量的服务。

3. 工作作风

中学图书馆的主要服务对象是教师读者和学生读者，图书馆工作者需要具

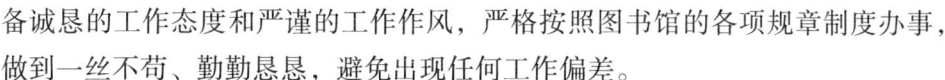

备诚恳的工作态度和严谨的工作作风，严格按照图书馆的各项规章制度办事，做到一丝不苟、勤勤恳恳，避免出现任何工作偏差。

（二）文化素质

从深层次上来看，图书馆工作属于一项传递知识、信息、情报的工作。因此，中学图书馆工作者在文化素质方面需要符合以下几点要求。

1. 基本要求

中学图书馆工作者在文化素质方面应具备的基本要求是拥有广博、扎实的文化知识。

图书馆是一个储藏着大量人类知识的宝库。中学图书馆工作者必须对馆内藏书的知识体系及基本内容有所了解。中学图书馆工作者每天要为众多教师读者、学生读者提供服务，不同类型的读者都有着不同的阅读需求，必然会涉及许多的知识领域。这也要求中学图书馆工作者了解各方面的知识，不断提升自身的知识量，利用广博的知识为读者在浩如烟海的文献资料中搜索、查阅其所需的内容，提供高质量的服务。

以教师读者为例，图书馆工作者在为其提供服务时，需要深入教学一线，充分了解各种教学需求，有选择地向其推荐教学参考书及相关资料，有针对性地制作各种文献资料的书目索引，以此来帮助教师深挖教材，充分备课，提升教学质量。

2. 新要求

除了基本要求外，中学图书馆工作者在文化素质方面还应满足不断吸收新知识，适应社会的网络化、信息化这一新要求。

现代科学技术迅猛发展，涌现了一大批先进设备，如复印机、缩微设备、计算机等，教育教学手段也在不断优化。在这种情况下，中学图书馆工作者应当扮演好信息工程师、信息系统建设者的角色，不断更新知识，充分利用新知识、新技术、新媒体为广大师生读者提供服务。

（三）专业素质

一般情况下，一名合格的中学图书馆工作者应该具备两个方面的专业素质：一方面是图书采购、分编加工、读者服务等图书馆管理的专业知识与技能，另一方面是中学教育教学相关的学科知识。

1. 专业知识

中学图书馆工作者需要掌握读者工作、分类编目、资源建设、数字化与自动化图书馆学等专业基础知识，对心理学、教育学，以及本校开设的各学科课程也要有所了解，并能正确运用这些知识，完成中学图书馆的业务流程，进一步拓展、优化本馆的服务。

2. 专业技能

随着图书馆事业的不断发展，中学图书馆工作者在专业技能方面更加注重信息技术技能、组织策划技能及人际交往技能。信息技术技能有利于图书馆的信息服务、信息获取、信息开发，能在较大程度上推进中学图书馆的现代化建设；组织策划技能有利于各种读者活动的有序开展，进一步发挥图书馆在教育教学方面的职能；人际交往技能有利于加强校内外的开放合作。

3. 学科知识

为了更好地服务本校的教育教学工作，中学图书馆工作者需要对本校的教育教学情况、教学方法、教材内容与进度等有所了解，只有这样才能及时为教学提供相应的参考资料，在工作中更加准确地收集最新的教研成果、教学理论与方法。

（四）身体素质

此处的身体素质主要是指脑力与体力。与那些大型图书馆相比，中学图书馆的工作者数量相对较少，工作量也会相对繁重一些，因此，他们不仅需要具备敏捷的思维能力、较强的记忆力，还需要具备良好的身体素质，以满足繁重紧张的工作需要。

二、中学图书馆工作者的能力

随着服务内容的专业化、服务方式的全面化、服务对象的多元化发展，中学图书馆工作者需要同时具备多个方面的能力。

（一）具备广博的知识

读者信息需求的多样化对中学图书馆工作者提出了较高的要求，即图书馆工作者要在为读者提供服务的过程中，不断吸收各学科的知识，掌握先进的信息检索技巧，提升服务的质量。

（二）掌握良好的沟通技巧

中学图书馆工作者在为读者服务的过程中，与读者进行适当的交流与沟通是在所难免的。愉快、有效的沟通不仅能使读者获得良好的服务体验，还能有效提升服务工作效率。因此，中学图书馆工作者需要学习并掌握与读者沟通的相关技巧，提升自身的沟通能力。

（三）了解馆藏并掌握信息检索技巧

了解馆藏并掌握信息检索技巧是中学图书馆工作者必须具备的能力之一，它要求图书馆工作者应具有图书馆多个工作环节，以及不同服务环境中的经历，掌握文献资料的收集、加工、流通、检索、收藏的规律与不同服务界面、不同层次读者的需求规律。

（四）熟练掌握计算机技术、网络技术多媒体技术等信息技术

计算机技术、网络技术、多媒体技术等信息技术的飞速发展，对现代图书馆工作者也提出了新的要求。中学图书馆工作者只有熟练掌握各种技术手段，并将其应用于图书馆工作中，才能更好地满足时代发展的需求。

第二节　中学图书馆工作者的配备

图书馆工作者是图书馆事业的灵魂所在。图书馆工作者的工作能力水平将在极大程度上影响图书馆的服务质量。因此，各中学应该充分结合自身的实际条件，尽可能地合理配备中学图书馆工作人员。

一、信息专家

在条件允许的情况下，中学图书馆需要配备一名信息专家。信息专家应该满足以下条件：第一，具有信息管理学、图书馆学等相关专业的硕士学位；第二，具有一定的信息工作经验；第三，具有必要的人际交流与管理能力；第四，具有中学教师资格证书。

二、专业人员

中学图书馆的专业人员需要具备相关专业领域的证书。同时，图书馆的专业人员数量应该与师生读者数量有一个合理的比例，以便为师生读者提供更加

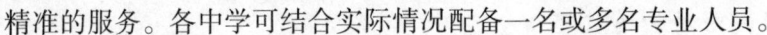

精准的服务。各中学可结合实际情况配备一名或多名专业人员。

三、馆长

中学图书馆的馆长不仅要负责制订计划，检查各方面的工作等，还要领导馆内的全体工作人员，共同开展各项读书活动。图书馆馆长应该被视为一个部门的领导，参与本校制订教学计划，以及各种校级会议。一名图书馆馆长不仅需要拥有相关专业的学历与专业条件，还需要具备杰出的领导才能及长远的战略意识。

四、教师馆员

教师馆员指的是在图书馆工作与课堂教学方面具有一定的专长、受过专业培训的教育工作者。他们的主要职责在于制订与学校教学计划相关的文献资料利用计划。

教师馆员的工作内容主要有搜集、组织学习资料，进行阅读与视听指导，提供读者服务，促进学习资料的有效利用，合作制订教学计划，以及图书馆的管理等。对此，图书馆工作者需要具备图书馆专业与教育专业两个方面的证书，或接受过相关专业的培训。例如，对有图书馆工作经验的馆员，进行教育专业的培训；对有教育经验的馆员，进行图书馆专业的培训。

从教师馆员的角度来看，只有当图书馆工作成为学校教学工作的重要构成部分，图书馆信息技能与学科技能实现紧密结合时，中学图书馆的工作才能取得更大的成效。这种一体化的工作计划需要由教师馆员与学科教师共同制订。通过这种方式，学生也能在掌握检索、组织、评价、共享信息资源的同时，不断提升自身对知识文化的鉴赏能力与理解能力。

第三节　中学图书馆工作者的发展

时代在进步，图书馆事业在发展，一名图书馆工作者绝不应该满足现状、止步不前。

中学图书馆工作者只有不断学习、掌握新的知识与技能，扩展自己的知识面，提升自身的专业水平，才能更好地满足时代的需要，为广大师生读者提供

第七章 中学图书馆的工作者管理

质量更高的服务。

一、中学图书馆工作者的双重专业发展

中学图书馆工作者同时担任着图书资料业务人员和教师的双重身份，因此在其发展过程中也要注意双重专业的发展。

（一）作为图书资料业务人员的专业发展

1. 图书资料业务人员的职业要求

图书资料业务人员的职业要求主要包含职业道德、基础知识，以及相关知识三个方面。

（1）职业道德，包括职业道德基本知识、职业守则。

（2）基础知识，包括图书馆的类型与功能、图书馆目录及其组织、图书馆的定义与性质、图书馆的主要业务工作、图书馆读者服务的基本知识，以及图书馆读者类型等。

（3）相关知识，包括计算机网络基础知识、综合文化知识、文献基本知识、图书馆相关法律法规知识、古汉语知识等。

2. 图书资料业务人员的职业等级

图书资料业务人员职称共包含五个等级，分别是五级图书资料业务人员（国家职业资格五级）、四级图书资料业务人员（国家职业资格四级）、三级图书资料业务人员（国家职业资格三级）、二级图书资料业务人员（国家职业资格二级）、一级图书资料业务人员（国家职业资格一级）。各级图书资料业务人员的能力要求是依次递进的，中学图书馆员的能力要求主要是五级和四级。

（二）作为教师的专业发展

中学图书馆的服务对象主要是中学生，部分中学图书馆工作者还需要承担信息技术课、信息检索课、阅读指导课的授课任务，这也意味着中学图书馆工作者除了图书馆馆员的身份外，还扮演着教师的角色。因此，中学图书馆工作者作为教师的专业发展也是其发展过程中的重要内容。

中学图书馆工作者需要与中学教师一样，接受严格的教学培训，履行相应的教育职责，掌握基本的教育知识与技能。

171

二、中学图书馆工作者的继续教育

（一）加强管理，明确继续教育的重要性与紧迫性

1. 科技发展的要求

信息时代的到来使得新知识、新学科不断涌现，交叉学科相互渗透。对此，中学图书馆工作者要想满足时代的要求，就必须不断学习新的知识与技术，只有这样才能在素质教育中更好地发挥自身的作用与职能。

2. 市场经济的要求

市场经济一方面对中学图书馆工作者的身体素质、心理素质、文化素质、业务素质及思想道德素质提出了更高的要求，另一方面也给中学图书馆工作者的价值观念、职业情感、人生追求等带来了一定的冲击。对此，要使图书馆工作者更好地完成"以书育人"的重要使命，就需要对其进行继续教育。

3. 继续教育的管理

中学图书馆工作者的继续教育是一项系统性工程，应该对其实施规范化、制度化的管理。要想提升图书馆工作者的综合素质，首先要做的就是引起各级领导的高度重视，并将其纳入科学管理的范畴。

如今，已经有很多地区针对图书馆工作者的继续教育问题做出了明确的政策规定，这样的做法有力推动了中学图书馆工作者继续教育的进程，对中学图书馆事业的发展、中学图书馆工作者综合素质的提升有着重要意义。

（二）明确目标，注重继续教育的针对性与先进性

1. 目标的确立

制订中学图书馆工作者继续教育的目标规划，不能只考虑目前的教育情况，还要充分结合中学图书馆事业的未来发展需要，制订长远的教育计划，同时，要结合实际情况，以调查研究为基础，制订总目标下的各阶段的教育培训计划。总目标需要体现出中学图书馆工作者继续教育的针对性与先进性。

中学图书馆工作者的继续教育需要坚持三个原则，即"新、高、实"。其中，"新"指的是继续教育的内容要新，以引导中学图书馆工作者学习新方法、新知识、新观念；"高"指的是教育培训的起点要高，在向中学图书馆工作者传授最新专业知识的同时，也要注意知识的深化与拓展；"实"指的是继

续教育培训的步骤与内容要实用,要以满足中学图书馆事业、图书馆工作者的发展需要为主。

2. 针对性

帮助中学图书馆工作者更快、更有效地掌握其所需知识与能力的主要方法是让中学图书馆工作者继续教育的目标更有针对性,具体如下。

首先,根据成人教育的规律、中学图书馆工作者的特点与整体素质水平,结合中学图书馆事业的发展形势,以及本馆在管理过程中遇到的实际问题,并将推进本馆改革,建设具有学校特色的现代化中学图书馆为出发点。

其次,遵循一般与特殊相结合的规律,按照中学图书馆工作者素质水平的高低,实行分级、分类培训,既要提升全员的整体素质水平,又要对不同岗位的员工进行个性化培训;既要全面普及与提升,又要重点培养骨干力量。

最后,要尽可能地满足中学图书馆工作者的实际需求,将其关注、亟须解决的问题作为起点,开展教育培训,做到按需施教,以此激发中学图书馆工作者参与教育培训的积极性。

3. 先进性

中学图书馆工作者继续教育目标的先进性主要体现在以下几个方面。

(1)中学图书馆工作者继续教育目标的指向要有先进性。也就是要有发展的眼光、战略的眼光,不仅要以实际情况为出发点,还要考虑继续教育的长远发展。

(2)中学图书馆工作者继续教育目标的内容要有先进性。例如,以计算机技术、网络技术、多媒体技术为代表的现代科学技术,已经对当代社会生活与教育方式产生了非常深远的影响,并被广泛应用到了各领域,能否掌握计算机技术,并利用它进行信息处理已经逐渐变成了人们未来工作、生活的必备能力。因此,将计算机技术等现代教育技术作为突破口与载体,开展中学图书馆工作者继续教育是非常必要的。

(3)实现目标的过程及所采取的手段,都需要努力引进现代科学的新观念、新方法、新思路、新发现、新成就,利用最新的理论知识更新原本的知识结构,进而提升中学图书馆工作者的学习兴趣。

（三）形式多样，注重继续教育的科学性与实效性

1. 形式多样

中学图书馆工作者的继续教育并不是一蹴而就的，它是一个长期的教育培训过程。在此过程中，培训者可针对中学图书馆工作者的基础差异，以及对他们才能的具体要求，灵活选择教育方式。

（1）加强在职培训。在职培训可以使中学图书馆工作者获得重新系统学习的机会，不断提升自身的工作能力。一名合格的中学图书馆工作者，应该对自己有更高的要求，努力学习，不断充实自己，因为事物始终处于不断发展的状态，新的知识信息层出不穷。即便是那些已经掌握了大量知识、技能、方法的拥有较高素质的图书馆工作者，也应该不断学习，及时了解新的知识、方法，掌握新的技能，继续提升自我价值。

在职培训的主要形式有专题讲座、自学自练、录像教学、参观考察、学术会议、经验交流、暑期培训等。中学图书馆工作者的在职培训应以自学、业余学习、短训为原则，因地制宜，因人制宜，灵活选择培训形式。

①专题讲座。专题讲座适用于传授理论知识与方法。

②自学自练。制度化、常态化的自学是成人教育的重点。

③录像教学。录像教学是一种比较直观的教育方法。

④参观考察。中学图书馆工作者在实地访问、观察后可获得直接的感性认知。

⑤学术会议。中学图书馆工作者参加学术会议有助于提升自身的学术水平与研究能力。

⑥经验交流。开展经验交流活动能通过模范典型激励学习、启发思想。

⑦暑期培训。暑期培训是开展密集型深入培训的有效形式。

（2）继续进行学历教育。

①大专在职教育。大专在职教育主要是鼓励40岁以下的具有高中或中专学历的中青年积极报考各类成人高校，也可参加高等教育自学考试，利用业余时间学习新知识，接受高等教育，提高岗位适应能力。

②本科在职教育。本科在职教育主要是已具备大专学历的图书馆馆员参加大专起点本科班的学习，学习新理论、新技术、新方法，培养解决复杂问题的能力，使自己成为图书馆工作的专业骨干。

③在职研究生教育。在职研究生教育是具有大学本科学历的图书馆馆员在

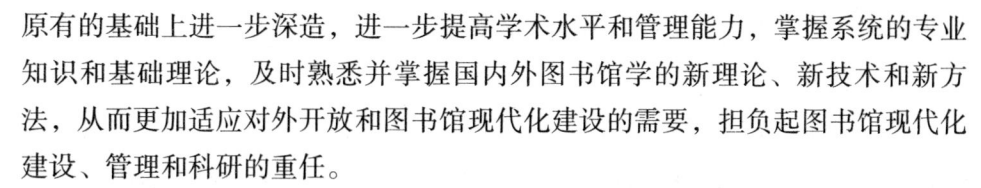

原有的基础上进一步深造，进一步提高学术水平和管理能力，掌握系统的专业知识和基础理论，及时熟悉并掌握国内外图书馆学的新理论、新技术和新方法，从而更加适应对外开放和图书馆现代化建设的需要，担负起图书馆现代化建设、管理和科研的重任。

（3）开展刊授教育。刊授教育是一种非常经济、有效的学习形式，它具有较强的灵活性，不受时间、空间的限制。中学图书馆工作者可以根据自身需求与实际的工作情况，开展有针对性的学习。

2. 科学性

中学图书馆工作者的继续教育是一项非常复杂的系统工程，为了有效避免培训教育的随意性与盲目性，需要对培训方法、内容及人员等方面进行深入研究与探索，注重科学性。

首先，要对中学图书馆工作者进行"接受心理"方面的调控。接受心理指的是人们对外界事物的认知、反应，以及接受与否的心理情境。无论什么样的教育活动，都存在着传授与被传授的双边关系。对中学图书馆工作者开展的教育培训属于成人教育，也需要使中学图书馆工作者拥有良好的接受心理。因此，在开展继续教育过程中，培训者需要注意分析、把控中学图书馆工作者的心理情境，采取有针对性的调控措施，只有这样，才能不断提升继续教育的成效。

其次，要加强培训内容与培训方法的管理。中学图书馆要进一步强化和其他图书馆在继续教育方面的合作与沟通，统筹规划，合理利用财力、人力、物力等资源，努力构建完善、合理的中学图书馆工作者继续教育体系。

3. 实效性

在对中学图书馆工作者实施继续教育的过程中，中学图书馆要将培训的实际效果与效益摆在第一位，促进学用结合，用理论、知识指导实际工作。为了取得最佳实效，培训工作应该采取"分层次、按岗位、多形式"的教育模式。此外，继续教育还应选择理论与实践相结合的方法，在确定理论研究课题的过程中密切结合工作实际，因为只有在实践过程中掌握了理论，才能使中学图书馆工作者运用业务知识的能力得到真正的提升。

（四）多方激励，调动中学图书馆工作者的积极性

在实施中学图书馆工作者继续教育的过程中，为了更好地激发他们的自觉

性与积极性，中学图书馆可以采取以下激励措施。

1. 奖惩激励

奖励与惩罚都属于强化激励，不同的是，奖励是对人们某一行为的认可与表扬，有利于这种行为的保持与巩固；而惩罚是对人们某一行为的否定与批评，有利于终止或消除这种行为。

在中学图书馆工作者继续教育的过程中，运用奖励与惩罚手段是非常必要的。正确、恰当地运用奖惩手段对中学图书馆工作者的继续教育有着至关重要的意义。

运用奖惩手段激发中学图书馆工作者的学习积极性是一项非常复杂的工作，在实施过程中，需要将其与细致的思想工作相结合，实现物质激励与思想激励的有机统一。只有这样，才能在一定程度上消除负面影响，充分发挥激励手段的积极作用，让中学图书馆工作者意识到职业对自身素质的要求，从而在责任感、使命感、紧迫感的驱使下，主动接受继续教育，并将其作为自己的重要义务和权利。

2. 竞争激励

竞争是一种在团体或个人双方之间力求胜过对方的对抗行为。无论是个人之间、部门之间还是馆际之间的竞争，都可以对中学图书馆工作者起到一定的激励作用，调动他们的学习积极性。其主要原因在于，人们处于竞争环境时，会出现学习效率提升、注意力高度集中、记忆力强、目标清晰、动机强烈等特征。为了在竞赛中取得良好的成绩，中学图书馆工作者会在比赛前充分准备，更加努力地学习业务知识。在竞赛过程中需要特别注意评比的公正性，只有公正的竞赛才能引发中学图书馆工作者向上看齐的心理趋势，形成良好的学习风气；缺乏公正性的竞赛则会降低中学图书馆工作者的积极性，弱化图书馆团队的向心力与凝聚力，影响中学图书馆业务工作的有序进行。

3. 考核激励

作为中学图书馆工作者继续教育的重要构成部分，考核是保证培训质量的有效措施与必要环节。

在实施考核激励的过程中，要建立健全相关的培训考核制度。结合中学图书馆工作者的具体水平，培训者可将其划分为不同的层次，对各层次的中学图书馆工作者采取不同形式、内容的考核。例如，全员考核与岗位考核相结合、

第七章 中学图书馆的工作者管理

集中考核与分散考核相结合、理论考核与实践考核相结合、统一组织的考核与自我考核相结合等。考核又可采取"听、看、考、查、议"的方法进行操作。这样的方法不仅能给中学图书馆工作者施加一定的压力，还能促使其产生一定的动力，从而有效保证培训的质量。

第八章 中学图书馆管理工作的创新发展

时代的发展与科技的进步给人们的生活带来了非常大的影响。中学图书馆事业也因此出现了很多新现象，对此，中学图书馆管理工作不应一直停留在原有的观念、思路上，而应该结合社会的发展与图书馆的实际情况，积极探索中学图书馆管理的新途径、新方法。

第一节 中学图书馆管理工作的创新观念

管理思想的现代化是中学图书馆管理工作现代化的必要前提和重要基础。如果没有新的现代化管理思想、价值观念，那么现代化的管理组织与管理方法也就无从谈起了。

现代化的图书馆管理思想需要以科学的思想方法为依托。现代化管理思想方法主要有整体的、系统的、发展的思想方法，实事求是、从实际出发的思想方法。

现代中学图书馆管理者应该树立以下几种新观念。

一、信息观念

信息社会的到来给人类社会的各方面都带来了重大影响，因此充分意识到信息的价值，充分发挥自身优势建立中学图书馆信息网络系统，不断搜集、整理、加工、利用信息资源，对现代中学图书馆管理来说至关重要。

二、人才观念

馆员是中学图书馆开展一切工作的重要前提。对此，中学图书馆应该树立正确的人才观念，对于那些能力较强、潜力较大的馆员进行重点培养，敢于任用具有开拓精神、奉献精神的杰出青年。

三、服务至上的观念

图书馆是人类知识的珍贵宝库，是储存、传递信息的中心。中学图书馆存在的主要意义就是为社会储存信息、传递信息，将科学文化知识传递给广大读者，不断提升中学生的文化知识水平与信息利用能力，推动教育教学及整个社会的发展。因此，满足社会需求，符合学校的特点，有针对性地为广大读者提供他们所需的文献资料，是中学图书馆的根本目标，中学图书馆的整个系统、各层次都必须为这一目标的实现而服务。为读者提供服务是中学图书馆的重要使命，为此，中学图书馆中的每个人都应该树立服务至上的观念，以优质的服务推动中学图书馆事业的发展。

四、开放观念

贯彻"读者第一，服务至上"原则的前提在于树立开放观念。中学图书馆是一个动态系统，它需要在开放条件下，与外界进行能量、物质的交换，以此保持动态系统的平衡。中学图书馆只有树立开放观念，将馆内的藏书展现给广大读者，与读者保持密切的沟通，才能扩大图书馆的影响力，吸引更多的读者到馆，提升馆内藏书的利用率，使中学图书馆的价值得到更大程度上的体现。

五、效益观念

图书馆管理以创造更大的社会效益与经济效益为根本目的。图书馆虽然不生产物质产品，但是储藏了大量的珍贵文献资料。为了能让这些资源得到更好的保存与管理，国家与社会每年还需要对图书馆进行一定的投资。因此，中学图书馆必须树立效益观念，在积极开展各项工作的同时，将社会效益与经济效益纳入图书馆的发展规划中。

中学图书馆管理工作实践与创新研究

六、系统观念

中学图书馆事业是一个庞大而又复杂的系统工程,各地区、各级别的图书馆又各自成为一个系统,各系统之间有着非常密切的关系,它们共同构成了一个多层次、多维度、多因素的立体网络结构。因此,要想更好地控制、管理、组织中学图书馆,就必须树立较强的系统观念与全局观念。

七、改革观念

事物始终处于不断变化、发展的状态中,中学图书馆要想适应社会不断变化、发展的需求,就必须不断进行改革、创新。中学图书馆工作人员如果一味地故步自封,没有改革观念与创新意识,就会被社会淘汰。因此,中学图书馆需要结合时代发展的需求,持续进行各方面的改革。

八、竞争观念

竞争是发展的重要动力来源,这一点在中学图书馆中也同样适用,良性的竞争可以为中学图书馆提供发展的动力。中学图书馆可以合理利用这一点,借助竞争提升图书馆的效益与效率,借助竞争发现人才、培养人才,借助竞争推动中学图书馆事业的改革与发展。

九、时间观念

人们在做任何工作时都更加讲求效率,而时间是影响效率的重要因素。因此,中学图书馆管理者应该树立正确的时间观念,合理安排馆内的各项工作,提前做好工作计划,避免出现浪费时间的情况。同时,中学图书馆管理者也要向其他工作人员传播这种观念,在中学图书馆内形成一种珍惜时间的良好风气。

十、信誉观念

诚实守信是中华民族的传统美德,也是现代中学图书馆管理工作者应该具备的基本素质之一。一名合格的图书馆管理者应该树立信誉观念,严格要求自己,一旦定下了目标,就必须努力去完成。答应读者的要求,就要尽力去实现。只有讲信誉、说到做到,才能得到广大读者的信任,图书馆的各项服务工作才能取得更好的成效。

十一、决策科学化观念

决策指的是对系统发展的原则、目标、方向、方法做出的决定。它在人类社会的发展过程中主要经历了三个阶段，即个人经验决策—集体经验决策—科学决策。随着社会的不断发展，组织规模的不断壮大，组织间的联系变得越来越复杂，对科学决策的要求也就变得越来越高。现代社会，竞争日趋激烈，中学图书馆每天都要面临着各种决策，对此，中学图书馆管理者应该具备科学决策的观念，在细致分析的基础上，利用科学决策技术与程序，及时做出最优决断。

第二节 中学图书馆管理工作的创新思路

现代管理科学发展迅速、互相渗透，对各行业的发展都产生了重要影响，中学图书馆也不例外。

一、以树立"以人为本"的理念为管理创新的核心

（一）尊重读者的主体地位

对中学图书馆而言，读者是其所有工作的基础与核心。中学图书馆的管理工作，不仅包括对文献资料的管理，还包括为读者提供服务的管理。因此，中学图书馆在对管理工作进行创新的同时，也应该创新为读者服务的手段，充分利用与开发馆内人力、物力资源，以满足读者的阅读需要。

首先，中学图书馆需要平等地对待每位读者，怀着关怀、关爱的态度服务读者，认真倾听他们的意见、建议；在服务过程中要为读者着想，举止得体，通过优质的服务给读者留下良好的印象。

其次，中学图书馆在日常工作的过程中要展现出一种人文关怀，使读者感受到温暖，只有这样才能得到读者的信任，并在馆内形成一种良好的人文氛围。

（二）充分调动读者的积极性

在日常管理中，中学图书馆应该以调动读者的主观能动性为基础去解决各

181

种问题，利用读者的才智来揭示图书馆管理方面的问题。第一，定期举办读者交流会，交流服务过程中的优点与不足；第二，建立良好的反馈途径；第三，通过网上论坛、在馆内设置意见箱等方式，收集读者对图书馆的建议，并根据这些建议对读者服务做出相应调整。

（三）以满足读者需求为导向

"以人为本"的理念要求中学图书馆将读者作为管理工作的中心。为读者提供服务，满足其信息需求是图书馆得以存在的必要前提。

中学图书馆藏书内容结构是读者服务的基础。为了提升服务质量，实现高效管理，中学图书馆应做到以下几点：第一，让读者参与图书馆的建设工作，维系好图书馆管理者与读者之间的联系和沟通；第二，掌握读者需求的多变性、有效性、综合性，了解读者对图书馆的满意度；第三，对读者的知识结构、需求层次、需求类型及心理特点等进行研究分析。

二、以建立健全科学的规章制度为管理创新的基础

（一）在制定规章制度的过程中融入人本理念

将人本理念与图书馆制度相结合，不仅有利于制度的落实，还能在一定程度上促进图书馆的发展。

要想贯彻"服务至上，以人为本"的服务理念，为读者提供更高质量的服务，就需要将人本理念融入图书馆管理制度的设计中，在设计、构造中学图书馆管理体制的组织结构、运行环节、运转机制等内容中体现人本理念。只有这样，才能使图书馆的管理体制得到认可，管理方案得到有效实施。

（二）在实施规章制度的过程中更加人性化

当图书馆工作者理解了图书馆的工作目标，知道什么样的行为有助于图书馆目标的完成，认可这些行为，相信这些行为能为自身带来切身利益时，他们才更愿意接受图书馆的各项制度与管理者的安排。因此，中学图书馆不仅要在制定规章制度的过程中融入人本理念，在实施规章制度的过程中也要更加人性化。

中学图书馆可以通过引导馆内工作者的行为、设计组织结构，以及改进规章制度来规范、完善管理模式。将图书馆工作者摆在图书馆管理工作的中心环节，不仅能促进图书馆工作者自身的全面发展，还有助于其在图书馆日常管理活动中发挥核心作用。

三、以自主管理为管理创新的最高境界

（一）实现个人目标与工作目标的一致

图书馆工作者个体之间存在差异，图书馆工作者个人与中学图书馆工作的目标之间也必然会存在差异，但在中学图书馆管理工作创新实践的过程中，我们可以努力实现图书馆工作者个人目标与中学图书馆工作目标的统一，让两者和谐发展。

中学图书馆可以从现代图书馆的发展理念与方式中，获得管理方法与理念方面的新的启示，即图书馆工作者可以与其他组织机构一样，从事人、财、物信息的输入，工作绩效的反馈，以及图书馆工作者与读者之间信息交流的修正等，并提出与图书馆工作者共同发展的思路，这样不仅能推动图书馆工作者的自由全面发展，还能保证中学图书馆工作的顺利开展。

（二）实现中学图书馆管理与图书馆工作者自我管理的有机结合

首先，要强化中学图书馆与馆内工作者之间的信任，让图书馆工作者充分参与中学图书馆的管理工作，激发他们的积极性与创造性，从而有效推动中学图书馆的发展进程。

其次，要大力推进中学图书馆的文化建设，加强各部门之间的沟通与合作、工作者之间的信息交流，形成良好的团队管理、权力分配方式。

最后，提升图书馆工作者的管理能力与决策水平，使其管理主体的作用得到充分发挥。

第三节 中学图书馆管理工作的创新途径

中学图书馆事业想要得到更好的发展，除了要树立创新观念、明确创新思路之外，还要积极探索、尝试各种创新途径，以促进管理水平、管理质量的提升。

一、管理机制创新

（一）完善激励机制

激励是一种激发员工创造性、鼓励员工的重要手段。有效的激励机制能在

很大程度上提升图书馆工作者的积极性。一般而言，图书馆主要包含场地、藏书、工作者三个构成要素。图书馆工作者是其中最基础且最具创造性的元素。图书馆的一切活动都需要依赖人力资源才能顺利开展。因此，中学图书馆管理工作的创新途径之一，便是对能激发图书馆工作者积极性的激励机制进行完善。

正确的激励机制应该依据一定的客观目标并按照规范的流程进行，确保激励措施的制度化、系统化与规范化。激励存在多种方式，既包含根据管理结果而制定的奖惩激励，又包含根据图书馆工作者情绪而进行的情感激励，还包含根据目标而制定的目标激励。比较适合中学图书馆的激励方式是奖惩激励与情感激励。

1. 奖惩激励

中学图书馆的激励机制主要取决于图书馆的总体管理目标。而从时间角度来看，图书馆的管理目标又可分为长期目标、中期目标及短期目标。激励机制作为为整体目标服务的重要辅助手段，需要与之相适应，并以整体目标为中心开展。图书馆在建立各种激励机制时，需要充分考虑馆内员工的意见，因为只有得到员工广泛认可的激励机制，才能发挥最大的作用。图书馆在激励机制实施的过程中，要根据员工的成绩、态度、业务情况等及时执行奖惩措施，做到赏罚分明。

此外，激励机制还应格外注重公平、公正。例如，根据岗位的不同制定不同的业绩考核制度。考核按照上岗考核、季度考核、年度考核的顺序进行。考核内容包括业务水平、工作绩效、工作态度等硬性指标，以及读者意见、领导意见、同事意见等。

2. 情感激励

中学图书馆的情感激励指的是领导在生活、工作等方面对员工进行关怀，主动了解员工的思想动态，帮助其解决生活、工作上的问题等。这种方式可以使员工放下"后顾之忧"，全身心地投入图书馆工作。

中学图书馆在开展管理工作的过程中，如果能创新性地使用奖惩激励与情感激励，激发员工的工作热情，便能更好地实现为读者服务的目标。

（二）积极开发图书馆人力资源

在信息时代下，文化需求日益增长，读者的视野更加宽阔，信息需求也变得越来越丰富,使得中学图书馆的管理服务面临着巨大挑战。对此,中学图书馆工作者必须具备良好的信息导航素质,以满足读者的信息检索需求。由此可见,对图书馆工作者进行教育与培训是非常必要的。

人力资源的开发主要指的是通过维护激励、提高生活质量、配置使用、考核评价、教育培训、预测规划等,对人的能力进行系统性的开发,进而实现个人、组织,以及社会的发展目标的过程。在开发、完善人力资源方面,中学图书馆首先需要结合自身的发展目标,制订相应的人才培养计划,努力为馆内员工争取接受教育与培训的机会,引导员工做好职业规划,使他们的作用得到充分发挥,为图书馆事业贡献更大的力量。

社会在进步、时代在发展,中学图书馆要想跟上时代的脚步,就不能忽视人员管理的作用。原本的那种"以规章制度为中心"的刚性管理已经无法满足时代的需求,对此,中学图书馆需要创新地加入"以人为中心"的柔性管理,在原有规章制度的基础上,妥善处理中学图书馆组织目标与个人目标的关系,通过建立完善的激励机制,积极开发人力资源,培养图书馆工作者的自主管理意识与专业素养,使中学图书馆事业得到更好的发展。

二、管理服务创新

信息时代的到来,使中学图书馆服务的形式与内容不断增多,从纸质文献发展到电子文献;服务手段发生变化,从纯手工管理发展到计算机管理。网络社会给中学图书馆带来了前所未有的变革。中学图书馆管理工作创新的途径也包括管理服务方面,除了为读者提供整合后的有序信息之外,还需要结合读者需求、爱好开展各种形式多样的服务活动,以加强图书馆工作者与读者、读者和读者间的交流。另外,中学图书馆还应采用网络论坛、电子邮件等各种形式,及时帮助读者解答疑问,采纳读者对图书馆建设方面提出的建议。

三、技术创新——图书馆管理工作自动化

如今,知识信息呈现爆炸式增长,各领域、各方面的信息层出不穷,中学图书馆要想提升工作效率,为广大师生读者提供及时、精准的信息,就需要从技术方面入手,实现自动化管理。

中学图书馆管理工作自动化指的是将高密度储存技术、通信技术、计算机技术等现代信息技术结合在一起,以此对图书馆工作中的各环节进行自动化控

制、管理、检索及服务的过程。它主要涉及图书馆的业务性工作与事务性工作。其中，业务性工作指的是图书馆业务管理自动化及其系统维护，事务性工作指的是图书馆的计划总结、人员安排、行政管理等。

图书馆管理工作是一项综合技术，主要包含情报检索自动化、业务操作自动化、数据处理自动化、索引编制自动化、流通管理自动化、文献采编自动化等。

（一）图书馆计算机集成管理系统

图书馆计算机集成管理系统主要包含以下几个子系统。

1. 采访子系统

采访子系统具有订购管理、验收登记、统计处理、资金管理等功能。

（1）订购管理：包括单行本、丛书、多卷书采购数据的套录、输入、修改、删除、查询，打印订购单，以及对订购单情况做剔除或复本处理。

（2）验收登记：包括图书的验收，个别登记，打印财产账，总括登记查询，打印总括登记表，核查所验文献资料之前是否订过，加入与修改采购信息、记录，进行退还管理，打印差错清单等。

（3）统计处理：包括预订统计、到书统计、接收统计、赠送统计，并形成相应的统计报表。

（4）资金管理：包括对资金的使用情况及相关单据进行管理，记载与发行者之间财务往来和所有财政支出，追加采购记录时可提示经费是否已经超限，可自动进行多种货币币值的转换。

采访子系统中包含存有采购主数据、查重数据、经费管理数据、统计管理数据等诸多文档。

2. 编目子系统

编目子系统是计算机图书馆管理工作的核心与基础，需要按照机读目录标准及相关规定，建立图书馆中央书目数据库。编目子系统的主要功能是提供编目过程中的查重、原始编目、馆藏数据输入、数据库维护、馆藏统计、自动化编目等。

3. 联机检索子系统

联机检索子系统的主要作用是，在中央书目数据库建成的基础上，通过各种查询手段在计算机中检索特定信息。联机检索子系统的最大特点在于，它不仅能查询到本校图书馆内的信息，还能查询到互联网上其他图书馆中的信息。

4.流通管理子系统

流通管理子系统能直接反映图书馆的馆藏建设情况、读者服务质量，以及科学管理水平，可与读者进行互动。

流通管理子系统的主要功能包括借阅、归还、读者维护、预约处理、查询、统计打印、续借等。

5.连续出版物管理子系统

报纸、期刊的种类众多，且有的还存在停刊、复刊、时断时续的情况，使连续出版物管理子系统变得非常复杂。连续出版物管理子系统主要具备期刊的检索、流通、采购、验收登记、查询、装订典藏、流通等功能。

6.参考咨询子系统

参考咨询子系统的主要功能在于利用各种文献信息、参考工具等，解答读者提出的各种问题，或给出相应的解决方法。参考咨询子系统还可细分为接受咨询、设定检索方案、查找、提供检索答案、建档等程序。

7.统计与报表子系统

统计与报表子系统的主要作用是对各项业务流程进行统计并生成相应的报表。

（二）电子阅览室系统

1.电子阅览室

与传统意义上只向读者提供静态、文本形式的资料的阅览室相比，电子阅览室可利用网络技术、计算机技术、多媒体技术向读者提供文本、图像、视频、音频、动画等多种形式的信息资源。

电子阅览室以网络和计算机为主要设备，将各种文献信息资源储存在数据库中，或直接从网上下载、浏览。学生在教师的指导下，利用多媒体提供的图、文、声等完成自主阅读，构建自己的知识体系。电子阅览室可以在很大程度上改变传统教学模式，培养学生的创新能力、自学能力。

2.中学图书馆电子阅览室的主要类型

中学图书馆电子阅览室的类型主要有单机形式、局域网连接、广域网连接。

单机形式最大的特点在于不连接网络，由一台或几台、十几台电脑构成，且这些电脑都是独立工作，彼此不进行资源共享的。随着科技、经济的发展，如今的大部分学校都已建立校园网，并能利用局域网性质的电子阅览室共享服务器上的电子数字资源。此外，中学图书馆还可以通过局域网搜索、查阅数字读物，进行馆际资源交流，并利用互联网获取世界各地文献机构的信息资源。

3. 中学图书馆电子阅览室系统建设

中学图书馆电子阅览室主要是由管理软件、数字资源、工作站、服务器共同构成的。中学图书馆在硬件设备建设方面，首先要选择好一些的硬件设备；其次结合自身建设的实际情况，考虑电子阅览室的规模与功能完备情况，采取先调研、规划、科学论证，再决策投资的方式进行。如果选择网络模式的电子阅览室就需要配备相应的服务器，以及若干个工作站，通过分配 IP 地址，实现有效管理。电子阅览室的信息资源既可以由数字化的文献信息资源构成，也可以利用网上的信息资源进行数据库的建设、浏览、查阅。电子阅览室还可以通过在网上建立虚拟图书馆，并利用相应的管理软件建立文献信息检索指南实现，但要注意的是，在选择管理软件时，检索数据库、远程浏览与查询功能、计算机多媒体技术、网络管理与图书馆其他子系统做好衔接。

4. 中学电子阅览室管理系统的功能构成

通常情况下，电子阅览室管理系统主要包含以下几个功能模块：流通管理系统、远程控制系统、计费管理系统、虚拟光盘塔管理系统等。

（1）流通管理系统。流通管理系统主要就是借阅规则的设置。根据读者与资料类型的不同，流通管理系统既可以设置每个读者总的允借册数、时间、预约、查询等项目，还可以设置各种类型资料的允借册数、时间、续借情况等项目。

流通管理系统还应具有罚款功能，如对超期、丢失、损坏的处罚，以及对借阅权限的审查、对读者权限的检查等功能。另外，流通管理系统还要建立检索、查询功能。

（2）远程控制系统。远程控制系统可以以 C/S 方式实现，能够控制用户机的各项功能，实现机房内教师对电子阅览室的各用户机进行远程监督和管理，并通过安全设置，有效降低系统的安全隐患。

远程控制系统的功能可以有不允许注册表访问、桌面锁定、键盘锁定等，并可远程控制计算机的关机和重新启动等操作。另外，远程控制系统还可以进行远程信息查看,就是查看指定机器运行程序的列表或页面,并可强行关闭指定的程序,如一些非法站点或禁止玩电脑游戏。

(3)计费管理系统。计费管理系统的主要功能是对电子阅览室计算机的使用进行计时和收费管理。收费可以灵活设置,既可以统一设定收费标准,也可以针对不同机器分别设定,还可以提供统计报表生成和查询分析功能。

(4)虚拟光盘塔管理系统。虚拟光盘塔管理系统的主要功能就是制作虚拟光盘。一般的电子阅览室都是采用本地无盘的工作站形式,用户终端无须安装光驱,而用虚拟光驱的方式工作,因此在一个局域网中,终端访问的目标均是在本地的服务器中,这样由于制作了虚拟性质的数据库,可以提高使用资料的利用效率,并起到备份作用。通过 IP 地址的分配,每台工作站都能实现网络共享,均可使用网络内的所有虚拟资料,充分利用网络资源。除此之外,电子阅览室的管理人员不仅可以利用计算机技术和图书馆情报信息知识来管理虚拟光盘资料,还可以建立虚拟光盘资料的检索功能。本地用户使用也很简单,只需要先安装配套软件,再在虚拟光盘塔的网页上点击链接即可。

电子阅览室建立的最终目标在于查询、浏览和下载使用。电子阅览室建成后,该系统的客户端是基于 Web 形式实现的,其支持多种文件格式,如图片、音乐、电影、Word、Excel、Acrobat Reader、MP3 等。此外,电子图书内容丰富、格式清楚,非常有利于浏览、查询和定位,因此它能融入学校建成的校园网,方便结合使用,如此便能让全校师生更方便地制作课件、阅读材料、查阅信息等。

5.中学电子阅览室的组织与管理

与传统阅览室相比,电子阅览室的优越之处在于它超越了单纯文本文献的范围,由于计算机技术、多媒体技术的应用,读者在电子阅览室能够享受各种载体、媒体技术的效果。因此,除了在硬件与软件的选择上外,中学图书馆要做到量力而行,科学客观,还要在人员的配备方面下功夫。中学电子阅览室管理员不仅要掌握计算机、多媒体、网络等技术,还要了解图书馆学的一般理论与方法,只有这样才能完成对电子阅览室的组织和管理任务。

学校或者图书馆首先要制定科学、合理的规章制度,结合学校的教育方针、教学安排、教学计划等,确定电子阅览室开放的时间、值班安排,设置好系统的初始化信息,对电子阅览室的软件、硬件定期维护、保养。不仅如此,中学图书馆还要在特定的时间内,结合电子阅览室系统的各项功能进行一些统

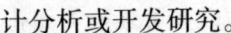

计分析或开发研究。

(三) "校园一卡通"与图书馆管理系统的融合

"校园一卡通"系统一般由门禁子系统、食堂管理系统、图书馆管理系统、电子阅览室管理系统、机房管理系统、会议管理系统、教务管理系统、总务管理系统等组成。

图书馆管理系统大致有两类：一类是专门的图书馆管理系统软件；另一类是其他系统软件中含有的图书馆管理系统软件，如在"校园一卡通"系统中嵌套图书馆管理系统。其中，专门的图书馆管理系统，由于发展的时间较早，试验较充分，在系统开发过程中还有计算机、网络等方面的专家，以及图书馆学专业的人才共同参与创作、调试、运行，发展得更加成熟。而在"校园一卡通"系统中嵌套的图书馆管理系统，由于开发设计的侧重点不同，难免会存在一些不足之处，因此还需要计算机、网络及图书馆学方面的专家共同努力，使"校园一卡通"与图书馆管理系统实现更好的融合。

(四) 中学图书馆自动化硬件设备

中学图书馆自动化硬件设备指的是计算机及其外围设备、通信设备等。通常情况下，中学图书馆自动化管理系统的硬件环境选择，主要是指计算机本身及其外围设备的选择。当前自动化发展有两种模式：一种是微型机局域网系统，另一种是超级微机或小型机的多终端分时系统。后者是用一个主机服务器连接多个终端，共享计算机的硬件和软件资源、数据资源，或用计算机网络系统，把服务器和工作站通过通信设备实现多用户操作。在考虑建设图书馆管理工作自动化的过程中，学校要充分结合自身规模、资金投入、产出效益等方面的情况，展开科学调研、合理规划，选择恰当的硬件设备。计算机的选择要围绕其更新速度等方面进行考虑，避免盲目求新、追逐潮流。

计算机的外围设备主要有打印机、条码阅读器、图书报警仪、扫描仪、不间断电源等。

(1) 打印机。打印机主要有激光打印机、喷墨打印机和针式打印机。

(2) 条码阅读器。条码阅读器又称"条形码激光扫描识读器"。条码技术是一种在计算机应用实践中产生和发展起来的自动识别技术。在各类计算机管理信息系统得到普及应用的背景下，使用条码技术可以通过低成本的方式有效解决各类管理信息系统遇到的数据采集和输入的瓶颈问题，实现数据快速、准确的自动化采集，有效提升工作效能，进一步实现管理目标。在中学图书馆中,条码阅读器的主要作用就是识别贴在图书资料和借书证上的条形码,加快流通的速度,减少误差。

(3)图书报警仪。图书报警仪又称"图书监测仪、图书防盗仪",其主要就是和贴在文献资料里的磁条共同发生作用,利用电磁场感应,触发主机的蜂鸣器报警。通常情况下,磁条可分为永久性磁条与可充消磁条。

(4)扫描仪。扫描仪是一种将文本、图像、照片等信息输入、输出并转换格式的设备。图书馆在选择扫描仪时需要从其分辨率、精度、色度等方面进行考虑。

(5)不间断电源。不间断电源就是UPS,它能保证在突然断电或发生电路故障时,仍持续供电一段时间,在一定程度上避免数据丢失。

第四节　中学图书馆管理工作的创新方法

中学图书馆在管理工作的创新过程中,不仅要树立合理的创新观念,找到正确的创新思路与创新途径,还要采取合适的创新方法,这样才能保证管理工作收获理想的效果。

一、创新图书馆的管理理念

要想对图书馆管理工作进行创新,就需要从树立正确的创新理念开始。如果图书馆信息建设工作无法得到学校的足够重视,创新工作便很难实现。对此,各中学需要将图书馆的建设工作摆在重要的战略地位,对图书馆的管理机制进行改革与创新,以此为中学图书馆管理工作创新提供保障。

图书馆管理人员也需要创新服务理念,以读者的信息需求为出发点,开展中学图书馆管理创新的各项工作,以信息技术为手段,实现中学图书馆管理、服务的延伸与拓展,努力为广大师生读者提供更全面的服务内容,如文学沙龙、检索培训及微信服务等,只有这样才能保证中学图书馆管理工作的创新成果。

此外,图书馆管理人员还需要及时转变自身的思想观念,主动学习、了解信息技术、设备方面的知识,并认真考虑其应用的可行性,选择那些比较适合图书馆的技术、设备应用在中学图书馆管理工作的创新实践中,以求取得更好的创新效果。

中学图书馆管理工作实践与创新研究

二、提升图书馆管理工作者的综合素质

图书馆管理工作的信息化已经变成了必然的发展趋势。信息的爆炸式增长，图书馆信息资源量的持续上升，读者对服务的要求越来越高，使中学图书馆管理人员不仅要肩负起管理、提供文献资料的使命，还要具备信息组织、知识导航方面的能力，化身为沟通读者与图书的桥梁，为读者提供个性化的服务。因此，中学图书馆管理人员要想出色地完成各项任务，就必须努力提升自身的综合素质，如根据实际工作需要进行自主学习，积极参加学校或社会组织的各种专业培训，还可以向学校申请去那些优秀的学校参观，向他们学习管理图书馆的先进方法与创新经验，再结合本校的实际情况进行创新应用等。

三、强化图书馆数字资源建设

随着信息时代的到来，中学图书馆需要不断强化自身数字资源建设，为读者营造良好的现代化信息交流环境。

中学图书馆需要充分结合师生读者的实际需求，整合现有资源，以便为读者提供更加便捷的信息服务。中学图书馆在开展数字资源建设的过程中，可采取以下方法。

第一，根据本校师生教学、教研、阅读、学习等方面的需求，有选择地购买数字资源。比如，可以结合学生的数学课程教学，购买相应的习题库、视频资料等。当学生想要使用这些数字资源时，只需要利用图书馆提供的网络，便可连接并访问，非常方便。同时，为了保证这些数字资源的质量，还需要请相关人员对它们进行把关，如在购入与数学学科相关的数字资源时，可以请数学授课教师负责把关。

第二，与其他机构或图书馆合作。中学图书馆可以通过与其他机构或图书馆建立合作关系的方式，有针对性地获取电子图书资源。例如，对那些名师、特级教师的课程进行数字化开发，制作成数字课程资源，存入图书馆的数据库中，供学生随时查阅、学习。

第三，利用网络资源。网上有着大量免费、优质的教育教学资源，中学图书馆管理者可结合本校的教学计划，以及师生读者的实际需求，在网上搜集、整理所需的数字课程资源，存入校内的数据库中，并设置相应的导航系统，以便师生日后查阅、浏览。

四、加强读者培训工作

目前,部分中学图书馆的数字资源宣传效果有待提升,一些读者还停留在传统的借阅服务上,对图书馆的数字资源了解不全面,导致图书馆的数字资源利用率较低。对此,中学图书馆应该加强宣传工作,让更多读者了解数字资源,学会利用数字资源解决学习和生活中的问题。

中学图书馆可以通过举办各种活动,向读者传授利用图书馆检索工具检索信息的方法,提升其获取、利用数字资源的能力。此外,中学图书馆还应该采用多种手段培养读者利用数字资源的习惯,并结合图书馆信息内容的增减、服务方式的转变等,及时组织宣传、培训活动,进一步保障中学图书馆信息化服务的推广与应用。

五、创新图书馆的信息服务方式

在信息时代的背景下,中学图书馆可以利用信息技术创新信息服务方式,为读者提供更高质量的服务。具体方法如下。

(一)搭建信息交流平台

中学图书馆可以通过搭建信息交流平台的方式,为师生读者提供一种更加方便地检索文献、查阅资料的途径。在搭建信息交流平台的过程中,中学图书馆可以将校园网作为依托,即在校园网上设置进入学校图书馆的窗口,再将为师生提供的各种信息化服务内容展示在页面上,方便师生查找和使用。除此之外,中学图书馆也可以建立一些新媒体信息交流服务平台,这样不仅能向读者传递各种服务信息,还能与其进行互动交流,并结合读者的意见、建议及时调整图书馆的服务、管理工作,在很大程度上保证图书馆管理工作的创新效果。

(二)提供个性化的信息服务

除了搭建信息交流平台之外,中学图书馆还可以借助信息技术为读者提供个性化的信息服务。例如,用大数据技术对图书馆的图书借阅、信息检索等历史数据进行分析,以此掌握读者的阅读倾向,并为其提供个性化的图书推荐服务。又如,可以结合学生读者的年级、学科偏好等信息,向其提供对应的名师教学视频、习题库等资源。这种方法不仅能让读者拥有更多的选择,还能有效提升其检索信息资源的效率。

参考文献

[1] 高莉.图书馆管理与档案资源建设［M］.长春：吉林人民出版社，2021.

[2] 张存生.图书馆管理［M］.北京：军事谊文出版社，2009.

[3] 董伟.新媒体时代图书馆管理与服务研究［M］.长春：吉林人民出版社，2019.

[4] 李蕾，徐莉.图书馆管理策略与阅读服务创新研究［M］.长春：吉林人民出版社，2021.

[5] 谭晓君.图书馆管理与服务创新研究［M］.天津：天津科学技术出版社，2018.

[6] 刘春节.图书馆管理与信息应用［M］.昆明：云南科技出版社，2020.

[7] 杨杰清.现代图书馆管理实务［M］.北京：现代出版社，2019.

[8] 谢银铭.新时代背景下中学图书馆管理研究［M］.长春：吉林出版集团股份有限公司，2021.

[9] 潘寅生.图书馆管理工作［M］.北京：北京图书馆出版社，2002.

[10] 凌霄娥.图书馆管理艺术与信息化应用研究［M］.西安：西北工业大学出版社，2020.

[11] 吕志名.图书馆流通管理理念与服务创新研究［J］.文化产业，2022（33）：94-96.

[12] 赵洪利，李绍锋，宫庆艳.智能环境下图书馆管理和服务创新发展研究［J］.河南图书馆学刊，2022，42（11）：105-107.

[13] 赵丽娜.图书馆管理的创新分析［J］.文化产业，2022（25）：112-114.

[14] 王栋.如何加强图书馆人力资源管理与创新［J］.人才资源开发，2022（15）：

28-29.

[15] 许志军.新时代图书馆管理工作的创新[J].办公室业务,2022(13):150-152.

[16] 郭彩霞.新时代图书馆理论发展与创新研究[J].文化产业,2022(18):95-97.

[17] 王娇.信息时代下图书馆管理模式的创新[J].内蒙古科技与经济,2022(10):136-137.

[18] 唐盛芳.图书馆管理改革与创新策略研究[J].造纸装备及材料,2022,51(3):202-204.

[19] 宋文凯.中小型图书馆服务方式手段的创新与探索实践[J].传媒论坛,2022,5(5):85-88.

[20] 孙静.图书馆创新服务的发展策略探析[J].传播与版权,2022(3):70-72.

[21] 田丽娟.图书馆人力资源管理话创新[J].人力资源,2022(4):10-11.

[22] 高兵.基于项目管理视角下图书馆文化创新服务模式研究[J].湖北开放职业学院学报,2022,35(3):3-4,15.

[23] 许雪梅.信息化背景下图书馆管理创新研究[J].兰台内外,2022(4):64-66.

[24] 张灿.创新技术在事业单位图书管理中的运用[J].办公室业务,2022(2):145-146.

[25] 张长河.网络环境下图书馆借阅流通服务创新思考[J].科技视界,2022(1):66-67.

[26] 华红.图书馆信息化管理与建设的创新路径[J].办公室业务,2021(23):94-96.

[27] 赵美.人本管理思想在图书馆管理创新中的实践探究[J].兰台内外,2021(32):64-66.

[28] 雒艳莉.数字化图书馆管理模式创新研究[J].文化产业,2021(27):67-69.

[29] 金靖斌.如何保障图书馆信息化电子设备的安全[J].科技与创新,2021(18):81-82.

[30] 矫威.图书馆管理的改革与创新[J].产业与科技论坛,2021,20(17):272-273.

[31] 刘红杰. 浅析图书管理中创新技术的运用［J］. 石河子科技，2021（4）：60-61.

[32] 吴忠蝶. 探究中学图书馆读者服务创新策略［J］. 兰台内外，2020（5）：67-68.

[33] 苏秋霞. 浅谈中学图书管理工作者的角色［J］. 宁德师专学报（哲学社会科学版），2003（1）：80-82.

[34] 谭颖群. 中学图书馆资源共享研究［J］. 科技情报开发与经济，2007，17（10）：6-8.

[35] 孙吉华. 网络环境下的中学图书馆管理研究［J］. 办公室业务，2018（19）：176.

[36] 吕宇虹. 浅谈中学图书馆的创新管理策略［J］. 科技视界，2018（25）：278-279.

[37] 尹龙波. 数字化管理模式下中学图书馆的发展探究［J］. 管理观察，2018（13）：90-91.

[38] 林奇生. 试析初中图书馆管理的创新与实践［J］. 纳税，2018（12）：125.

[39] 邹文清. 试论提升中学图书管理的策略［J］. 群文天地，2012（10）：31.

[40] 王朝晖. 信息时代背景下中学图书馆读者服务创新策略［J］. 科技与创新，2017（15）：119-120.

[41] 房淼. 试析中学图书馆管理的创新与实践［J］. 才智，2017（22）：102.

[42] 于晓凤，李秋红. 浅谈中学图书馆管理模式的创新［J］. 科协论坛（下半月），2007（8）：108.

[43] 于萍. 在信息化建设中改进中学图书馆管理［J］. 中国教育技术装备，2017（7）：75-76.

[44] 陈必华. 关于信息时代下中学图书馆管理的深入思考［J］. 办公室业务，2016（23）：157.

[45] 徐芸. 新时期中学图书馆如何提高图书的利用率［J］. 赤子，2016（8）：162.

[46] 马立峰. 中学图书馆管理创新的探讨［J］. 科技信息，2008（19）：292，305.

[47] 黄国林. 中学图书馆优化读者服务的几点思考［J］. 办公室业务，2016（3）：178，180.

[48] 刘羽. 试论中学图书馆管理的改革与创新［J］. 黑龙江科技信息，2009（30）：139.

[49] 侯凤铃. 信息时代中学图书馆读者服务工作创新的思考［J］. 黑龙江史志，

2015（13）：268，271.

[50] 彭欣.中学图书馆的服务定位与发展策略[J].科技情报开发与经济，2011，21（31）：109-111.

[51] 章晓鸣.浅谈网络环境下中学图书馆的创新管理[J].科技信息，2011（5）：165，418.

[52] 李雪菊.浅谈中学生图书管理工作[J].科技资讯，2011（9）：251.

[53] 周海英.中学图书馆服务管理创新研究[J].办公室业务，2014（15）：139-140.

[54] 林爱华.中学图书馆优化读者服务的几点思考[J].黑龙江史志，2013（19）：223.

[55] 陆睿睿.中学图书馆资源优化管理策略研究[J].天津商务职业学院学报，2013，1（1）：84-85，95.

[56] 林泓.浅谈中学图书馆创新性管理模式[J].知识经济，2010（11）：126.

[57] 张飒.马斯洛需求层次理论在图书馆人力资源管理中的应用研究[D].哈尔滨：黑龙江大学，2018.

[58] 陈新颜.图书馆知识管理及其实施对策[D].大连：大连理工大学，2002.

[59] 张莉.中小学图书馆管理系统的分析与设计[D].昆明：云南大学，2013.

[60] 黄成立.图书馆管理信息系统的设计与实现[D].广州：华南理工大学，2014.

[61] 冯天宇.图书馆管理中的读者参与权研究[D].哈尔滨：黑龙江大学，2015.

[62] 刘洪春.图书馆自主创新能力评价研究[D].大连：大连理工大学，2010.

[63] 张娟.中小学图书馆阅读指导现状和模式研究：以江苏省为例[D].南京：南京农业大学，2012.

[64] 任妮.数字图书馆信息安全规范化管理研究[D].南京：南京农业大学，2016.

[65] 谭立洲.新世纪我国图书馆创新理念研究[D].湘潭：湘潭大学，2009.

[66] 李占.基于知识管理的图书馆文化创新机制研究[D].郑州：郑州大学，2009.

[67] 王彩霞.基于数字图书馆的中小学教师个人知识管理个案研究[D].北京：首都师范大学，2009.

[68] 陈晶晶.我国公共图书馆理事会的章程研究［D］.昆明：云南大学，2016.

[69] 张冬.图书馆数字化管理系统的设计与实现［D］.石家庄：石家庄铁道大学，2017.

[70] 徐淑云.中学图书馆（室）信息资源建设问题研究［D］.长春：东北师范大学，2007.

[71] 陈珍婷.数据挖掘技术在中小学图书借阅管理中的应用［D］.广州：华南理工大学，2019.

[72] 赵敬敬.图书馆管理的创新研究［D］.武汉：华中师范大学，2006.

[73] 刘巧英.现代图书馆信息服务的创新理论研究［D］.郑州：郑州大学，2005.

[74] 刘小红.中小学图书馆阅读推广问题与对策［D］.聊城：聊城大学，2019.

[75] 樊亚非.论我国图书馆管理创新［D］.湘潭：湘潭大学，2002.